国家基本职业培训包（指南包 课程包）

医药商品购销员

人力资源社会保障部职业能力建设司编制

中国劳动社会保障出版社

图书在版编目（CIP）数据

医药商品购销员 / 人力资源社会保障部职业能力建设司编制. -- 北京：中国劳动社会保障出版社，2021

国家基本职业培训包：指南包　课程包

ISBN 978-7-5167-5128-2

Ⅰ.①医…　Ⅱ.①人…　Ⅲ.①药品–购销–职业培训–教材　Ⅳ.①F763

中国版本图书馆 CIP 数据核字（2021）第 237951 号

中国劳动社会保障出版社出版发行

（北京市惠新东街 1 号　邮政编码：100029）

*

三河市华骏印务包装有限公司印刷装订　新华书店经销

880 毫米 ×1230 毫米　16 开本　12.25 印张　217 千字

2021 年 12 月第 1 版　2021 年 12 月第 1 次印刷

定价：36.00 元

读者服务部电话：（010）64929211/84209101/64921644

营销中心电话：（010）64962347

出版社网址：http://www.class.com.cn

版权专有　　侵权必究

如有印装差错，请与本社联系调换：（010）81211666

我社将与版权执法机关配合，大力打击盗印、销售和使用盗版图书活动，敬请广大读者协助举报，经查实将给予举报者奖励。

举报电话：（010）64954652

编 制 说 明

为全面贯彻落实习近平总书记对技能人才工作的重要指示精神，进一步增强职业技能培训针对性和有效性，不断提高培训质量，培养壮大创新型、应用型、技能型人才队伍，按照《人力资源社会保障部办公厅关于推进职业培训包工作的通知》（人社厅发〔2016〕162号）的工作安排，我部持续组织开发培训需求量大的国家基本职业培训包，指导开发地方（行业）特色职业培训包，力争全面建立国家基本职业培训包制度，普遍应用职业培训包高质量开展各类职业培训。

职业培训包开发工作是新时期职业培训领域的一项重要基础性工作，旨在形成以综合职业能力培养为核心、以技能水平评价为导向，实现职业培训全过程管理的职业技能培训体系，这对于进一步提高培训质量，加强职业培训规范化、科学化管理，促进职业培训与就业需求的有效衔接，推行终身职业培训制度具有积极的作用。

国家基本职业培训包由指南包、课程包和资源包三个子包构成，是集培养目标、培训要求、培训内容、课程规范、考核大纲、教学资源等为一体的职业培训资源总和，是职业培训机构对劳动者开展政府补贴职业培训服务的工作规范和指南。

国家基本职业培训包遵循《职业培训包开发技术规程（试行）》的要求，依据国家职业技能标准和企业岗位技术规范，结合新经济、新产业、新职业发

编制说明

展编制，力求客观反映现阶段本职业（工种）的技术水平、对从业人员的要求和职业培训教学规律。

《国家基本职业培训包（指南包 课程包）——医药商品购销员》是在各有关专家的共同努力下完成的。参加编审的主要人员有霍亚丽、张晶、刘婕、王玉静、马承梅、白海秀、高慧丰、李静，在编制过程中得到了山东医药技师学院、北京金象大药房医药连锁有限责任公司、漱玉平民大药房、华润江苏医药有限公司、山东药品食品职业学院、山东中医药大学等有关单位的大力支持，在此一并致谢。

人力资源社会保障部职业能力建设司

国家基本职业培训包编审委员会

主　任　刘　康

副主任　张　斌　王晓君　袁　芳　葛　玮

委　员　田　丰　项声闻　尚　涛　葛恒双
　　　　　　蔡　兵　赵　欢　吕红文

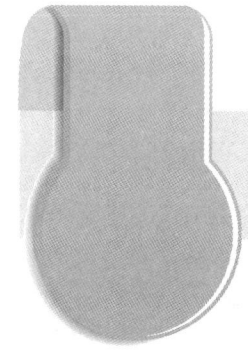

目 录

1 指 南 包

1.1 职业培训包使用指南 ·· 002
    1.1.1 职业培训包结构与内容 ··· 002
    1.1.2 培训课程体系介绍 ·· 003
    1.1.3 培训课程选择指导 ·· 010

1.2 职业指南 ··· 010
    1.2.1 职业描述 ··· 010
    1.2.2 职业培训对象 ··· 010
    1.2.3 就业前景 ··· 010

1.3 培训机构设置指南 ·· 011
    1.3.1 师资配备要求 ··· 011
    1.3.2 培训场所设备配置要求 ··· 011
    1.3.3 教学资料配备要求 ·· 013
    1.3.4 管理人员配备要求 ·· 013
    1.3.5 管理制度要求 ··· 014

2 课 程 包

2.1 培训要求 ··· 016
    2.1.1 职业基本素质培训要求 ··· 016
    2.1.2 五级/初级职业技能培训要求 ··· 019

目录

    2.1.3　四级/中级职业技能培训要求……………………………………………022
    2.1.4　三级/高级职业技能培训要求……………………………………………028
2.2　课程规范……………………………………………………………………………033
    2.2.1　职业基本素质培训课程规范………………………………………………033
    2.2.2　五级/初级职业技能培训课程规范…………………………………………050
    2.2.3　四级/中级职业技能培训课程规范…………………………………………065
    2.2.4　三级/高级职业技能培训课程规范…………………………………………084
    2.2.5　培训建议中培训方法说明…………………………………………………101
2.3　考核规范……………………………………………………………………………103
    2.3.1　职业基本素质培训考核规范………………………………………………103
    2.3.2　五级/初级职业技能培训理论知识考核规范………………………………105
    2.3.3　五级/初级职业技能培训操作技能考核规范………………………………106
    2.3.4　四级/中级职业技能培训理论知识考核规范………………………………106
    2.3.5　四级/中级职业技能培训操作技能考核规范………………………………108
    2.3.6　三级/高级职业技能培训理论知识考核规范………………………………109
    2.3.7　三级/高级职业技能培训操作技能考核规范………………………………110

附录　培训要求与课程规范对照表

附录1　职业基本素质培训要求与课程规范对照表………………………………………112
附录2　五级/初级职业技能培训要求与课程规范对照表…………………………………127
附录3　四级/中级职业技能培训要求与课程规范对照表…………………………………144
附录4　三级/高级职业技能培训要求与课程规范对照表…………………………………166

1 指南包

1.1 职业培训包使用指南

1.1.1 职业培训包结构与内容

医药商品购销员职业培训包由指南包、课程包、资源包三个子包构成，结构如下图所示。

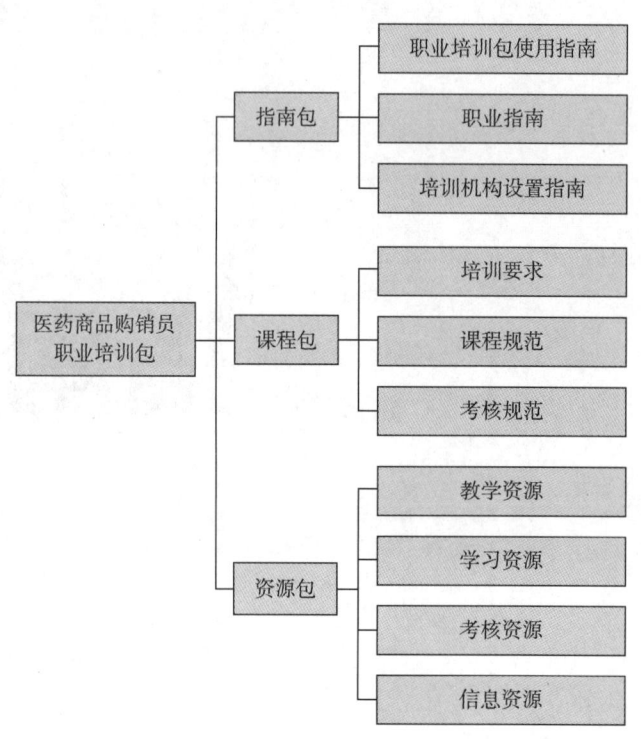

职业培训包结构图

指南包是指导培训机构、培训教师与学员开展职业培训的服务性内容总合，包括职业培训包使用指南、职业指南和培训机构设置指南。职业培训包使用指南是培训教师与学员了解职业培训包内容、选择培训课程、使用培训资源的说明性文本；职业指南是对职业信息的概述；培训机构设置指南是对培训机构开展职业培训提出的具体要求。

课程包是培训机构与教师实施职业培训、培训学员接受职业培训必须遵守的规范总合，包括培训要求、课程规范、考核规范。培训要求是参照国家职业标准、结合职业岗位工作实际需求制订的职业培训规范；课程规范是依据培训要求、结合职业培训教学规律，对课程设置、培训学时、课程内容与培训方法等所做的统一规定；考核规范是针对课程规范中所规定的课程内容开发的，能够科学评价培训学员过程性学习效果与终结性培训成果的规则，是客观衡量培训学员职业基本素质与职业技能水平的标准，也是实施职业培训过程性与终结性考核的依据。

资源包是依据课程包要求，基于培训学员特征，遵循职业培训教学规律，应用先进职业培训课程理念，开发的多媒介、多形式的职业培训与考核资源总合，包括教学资源、学习资源、考核资源和信息资源。教学资源是为培训教师组织实施职业培训教学活动提供的相关资源；学习资源是为培训学员学习职业培训课程提供的相关资源；考核资源是为培训机构和教师实施职业培训考核提供的相关资源；信息资源是为培训教师和学员拓展视野提供的体现科技进步、职业发展的相关动态资源。

1.1.2 培训课程体系介绍

医药商品购销员职业培训课程体系依据职业技能等级分为职业基本素质培训课程、五级/初级职业技能培训课程、四级/中级职业技能培训课程、三级/高级职业技能培训课程，每一类课程有模块、课程和学习单元三个层级。医药商品购销员职业培训课程体系均源自本职业培训包课程包中的课程规范，以学习单元为基础，形成职业层次清晰、内容丰富的"培训课程超市"。

医药商品购销员职业培训课程学时分配一览表

职业技能等级	课堂学时		其他学时	培训总学时
	职业基本素质培训课程	职业技能培训课程		
五级/初级	50	210	40	300
四级/中级	40	155	25	220
三级/高级	35	150	15	200

注：课堂学时是指培训机构开展的理论课程教学及实操教学的建议最低学时数。除课堂学时外，培训总学时还应包括岗位实习、现场观摩、自学自练等其他学时。

（1）职业基本素质培训课程

模块	课程	学习单元	培训学时
1. 职业道德	1-1 职业道德基本知识	（1）职业道德的含义和要素	1
		（2）职业道德的特征和实践作用	1
	1-2 医药行业职业道德与医药商品购销员职业守则	（1）医药行业职业道德的概念、特征和原则	1
		（2）医药商品购销员职业守则	1

续表

模块	课程	学习单元	培训学时
2. 相关法律知识	2-1 《中华人民共和国药品管理法》相关规定	(1) 药品管理法概述	1
		(2) 药品生产和经营企业管理	2
		(3) 药品管理	2
		(4) 药品包装的管理	1
		(5) 药品价格及广告的管理	1
		(6) 药品监督方面的管理	1
		(7) 法律责任	1
	2-2 《药品经营质量管理规范》(GSP)	(1) 《药品经营质量管理规范》概述	1
		(2) 药品批发的质量管理	2
		(3) 药品零售的质量管理	1
	2-3 《互联网药品信息服务管理办法》	《互联网药品信息服务管理办法》概述	1
	2-4 产品质量法知识	产品质量法知识	1
	2-5 消费者权益保护法知识	消费者权益保护法知识	1
	2-6 反不正当竞争法知识	反不正当竞争法知识	1
	2-7 劳动法知识	劳动法知识	1
3. 医学基础知识	3-1 人体的构成	(1) 概述	1
		(2) 人体各系统构成及基本功能	2
	3-2 病原微生物	(1) 细菌	2
		(2) 真菌	1
		(3) 病毒	1
		(4) 其他微生物	1
	3-3 人体免疫功能	(1) 抗原	1
		(2) 抗体	1
		(3) 免疫应答	1
		(4) 人体免疫功能与疾病	1
		(5) 知识拓展：免疫	1
4. 药物基础知识	4-1 药物的分类及制剂特点	(1) 药物的分类	1
		(2) 药物的剂型	2

续表

模块	课程	学习单元	培训学时
4．药物基础知识	4-2 药物的作用	（1）药物的基本作用及治疗作用	1
		（2）药物作用的主要类型	1
	4-3 影响药物作用的因素	（1）药物方面的因素	1
		（2）机体方面的因素	1
	4-4 药品的质量标准	（1）药品质量标准的概念与制定原则	1
		（2）药品质量标准的内容	1
	4-5 药品包装与标志	（1）药品包装的基本要求	1
		（2）药品包装的类别、材料及容器	1
		（3）药品包装上的标志	1
		（4）药品说明书	1
5．安全知识	5-1 防火基础知识	防火基础知识	1
	5-2 安全用电知识	安全用电知识	1
课堂学时合计			50

注：本表所列为五级/初级职业基本素质培训课程，其他等级职业基本素质培训课程按"医药商品购销员职业培训课程学时分配一览表"中相应的课堂学时要求进行必要的调整。

（2）五级/初级职业技能培训课程

模块	课程	学习单元	课堂学时
1．顾客服务	1-1 接待顾客	（1）接待礼仪	6
		（2）接待基本技巧	6
	1-2 提供服务	（1）医药商业服务	4
		（2）包装知识	4
2．药品介绍	2-1 处方药与非处方药	（1）处方药与非处方药的分类管理	2
		（2）使用非处方药的注意事项	4
	2-2 常用药物的适应证和使用方法	（1）解热镇痛抗炎药	10
		（2）中枢神经系统用药	6
		（3）抗微生物药	12
		（4）消化系统用药	10
		（5）呼吸系统用药	10
		（6）心血管系统用药	10
		（7）内分泌系统用药	10
		（8）泌尿系统用药	10

续表

模块	课程	学习单元	课堂学时
2. 药品介绍	2-2 常用药物的适应证和使用方法	（9）抗过敏药	2
		（10）皮肤科及眼科用药	6
		（11）其他类	6
	2-3 药物的合理使用	（1）合理用药	6
		（2）滥用药物的危害	4
		（3）合理使用抗菌药物	4
3. 药品销售	3-1 销售准备	（1）环境要求和环境准备	2
		（2）物资准备	2
		（3）人员准备	4
	3-2 销售实施	（1）药品销售	4
		（2）票据填制	4
		（3）销售结算	4
	3-3 销售记录与售后管理	（1）药品销售记录	10
		（2）售后服务	6
4. 药品陈列与保管	4-1 药品分类陈列	（1）药品的配置	4
		（2）药品的陈列	16
	4-2 药品的保管与养护	（1）影响药品质量的因素	4
		（2）化学制剂（西药）的养护	6
		（3）中成药的养护	4
		（4）常见易变质剂型的养护	2
		（5）药品养护的基本要求	2
		（6）温湿度自动监测系统	4
课堂学时合计			210

（3）四级/中级职业技能培训课程

模块	课程	学习单元	课堂学时
1. 顾客服务	1-1 接待顾客咨询	（1）咨询接待	1
		（2）咨询查询程序及记录	1
	1-2 处理顾客投诉	（1）顾客投诉的类型	1
		（2）顾客投诉处理的原则和步骤	1
		（3）接受顾客投诉时的交谈原则	1
		（4）处理顾客投诉的技巧	1

续表

模块	课程	学习单元	课堂学时
1.顾客服务	1-2 处理顾客投诉	（5）退换货处理原则与服务标准	1
		（6）退换货工作流程	1
2.药品介绍	2-1 常见病基础知识	（1）感冒	3
		（2）胃炎	3
		（3）尿路感染	3
		（4）支气管炎	3
		（5）大叶性肺炎	3
		（6）过敏性鼻炎	3
		（7）消化不良	3
		（8）支气管哮喘	3
	2-2 常见药品的作用、用途、不良反应及注意事项	（1）抗微生物与寄生虫用药	8
		（2）解热镇痛抗炎药	6
		（3）神经系统及精神障碍用药	6
		（4）心血管系统用药	6
		（5）呼吸系统用药	6
		（6）消化系统用药	8
		（7）泌尿系统用药	8
		（8）血液系统用药	6
		（9）内分泌系统用药	6
		（10）其他	8
	2-3 处方及处方调配	（1）处方的含义与分类	2
		（2）处方的结构与规则	2
		（3）处方用语	2
		（4）处方审核与调配	2
3.药品购销	3-1 购进药品	（1）首营审核	6
		（2）编制采购计划	4
		（3）签订采购合同	3
		（4）选择供应商	3
	3-2 销售药品	（1）销售合同的审核与签订	4
		（2）客户资料与销售记录	1
		（3）调价操作	1

续表

模块	课程	学习单元	课堂学时
3．药品购销	3-3 药品招投标	（1）药品招投标的含义	1
		（2）药品招投标的流程	1
		（3）当前药品招标模式	1
4．药品保管与养护	4-1 药品的收货验收与养护	（1）药品收货	2
		（2）药品验收	3
		（3）药品的效期管理	2
		（4）在库药品的检查和养护	4
	4-2 不合格药品及退货药品处理	（1）不合格药品识别方法	2
		（2）不合格药品及退货药品的处理	2
5．经济核算	5-1 商业计算	（1）经济指标的计算	2
		（2）经济核算的目的和特征，柜组核算和记账	1
	5-2 商品盘点与结算	（1）盘点与结算相关知识	1
		（2）医药商品的盘点操作流程、步骤及盘点作业的注意事项	1
	5-3 应收、应付结算	（1）客户的信用额度	1
		（2）应收、应付账款的管理制度	1
课堂学时合计			155

（4）三级／高级职业技能培训课程

模块	课程	学习单元	课堂学时
1．药品介绍	1-1 常用药品	（1）解热镇痛抗炎药	2
		（2）神经系统用药	3
		（3）治疗精神障碍药	3
		（4）抗感染药	6
		（5）消化系统用药	6
		（6）呼吸系统用药	6
		（7）心血管系统用药	6
		（8）内分泌系统用药	6
		（9）泌尿系统用药	6
		（10）抗过敏药	4
		（11）皮肤科及眼科用药	4
		（12）其他	4

续表

模块	课程	学习单元	课堂学时
1．药品介绍	1-2 常见病的药物治疗	（1）高血压的药物治疗	8
		（2）消化性溃疡的药物治疗	6
		（3）肺结核的药物治疗	6
		（4）糖尿病的药物治疗	6
		（5）高脂血症的药物治疗	6
	1-3 新药品种介绍	（1）新药品种介绍概述	4
		（2）新药品种介绍示例（以替米沙坦为例）	4
2．药品营销	2-1 市场调研与新品种开发	（1）市场调研	6
		（2）新品种开发	4
	2-2 销售促进	（1）顾客心理	5
		（2）促销	5
		（3）渠道策略	4
	2-3 商务谈判	（1）谈判僵局的处理	4
		（2）合同纠纷的处理	4
3．药品的保管养护	3-1 药品的特殊保管	（1）麻醉药品的管理	2
		（2）精神药品的管理	2
		（3）医疗用毒性药品的管理	1
		（4）放射性药品的管理	1
		（5）戒毒药品的管理	2
		（6）含麻黄碱类复方制剂的管理	2
	3-2 药品的重点养护	重点养护药品品种的类别及养护方法	4
4．经济核算	4-1 库存分析	（1）医药商品最高、最低库存量的计算方法	1
		（2）医药商品合理库存的控制方法	1
		（3）医药商品经济批量存储法	1
		（4）医药商品库存ABC分析法	1
	4-2 保本保利分析	（1）保本保利分析基础知识	2
		（2）保本保利计算	1
		（3）量本利分析法	1
课堂学时合计			150

1.1.3 培训课程选择指导

职业基本素质培训课程为必修课程,相当于本职业的入门课程。各级别职业技能培训课程由培训机构教师根据培训学员实际情况,遵循高级别涵盖低级别的原则进行选择。

原则上,初入职的培训学员应学习职业基本素质培训课程和五级/初级职业技能培训课程的全部内容;有职业技能等级提升需求的培训学员,可按照国家职业标准的"鉴定要求",对照自身需求选择更高等级的培训课程。

具有一定从业经验、无职业技能等级晋升要求的培训学员,可根据自身实际情况自主选择本职业培训课程。具体方法为:(1)选择课程模块;(2)在模块中筛选课程;(3)在课程中筛选学习单元;(4)组合成本次培训的整个课程。

培训教师可以根据以上方法对培训学员进行单独指导。对于订单培训,培训教师可以按照如上方法,对照订单要求进行培训课程的选择。

1.2 职业指南

1.2.1 职业描述

医药商品购销员是从事药品采购、销售、咨询服务及相关业务的人员。

1.2.2 职业培训对象

参加医药商品购销员职业培训的对象主要包括:城乡未继续升学的应届高中毕业生、农村转移就业劳动者、城镇登记失业人员、转岗转业人员、退役军人、企业在职职工和高校毕业生等各类有培训需求的人员。

1.2.3 就业前景

医药商品购销员的工作岗位有药品采购员、药品销售员、药品咨询服务员等,还可以视情况晋升为药品经营企业业务经理、店长、售后服务专员,医疗机构药房主任、招标办公室主任、采购中心主任等行政技术岗位。可以在药品生产企业、药品批发企业、药品零售连锁企业总部及门店、医疗机构药剂科或药房，以及涉及药品采购、销售、使用、咨询服务及相关业务的企事业单位（疾控中心、健康体检中心等）从事有关工作。

1.3 培训机构设置指南

1.3.1 师资配备要求

（1）培训教师任职基本条件

1）培训五级/初级、四级/中级医药商品购销员的教师应具有本职业三级/高级工职业资格证书（职业技能等级证书）或相关专业中级以上专业技术职务任职资格。

2）培训三级/高级医药商品购销员的教师应具有本专业高级以上专业技术职务任职资格。

（2）培训教师数量要求（以20~50人培训班为基准）

1）理论课教师：1人以上；培训规模超过50人的，按教师与学员之比不低于1∶50配备教师。

2）实习指导教师：1人以上；培训规模超过20人的，按教师与学员之比不低于1∶20配备教师。

1.3.2 培训场所设备配置要求

培训场所设备配置要求如下（以20~50人培训班为基准）：

（1）理论知识培训场所设备配置要求：能同时容纳20~50人上课的面积大于60平方米的标准教室，多媒体教学设备（计算机、投影仪、幕布或显示屏、网络接入设备、音响设备）、黑板、20套以上桌椅，符合照明、通风、安全等相关规定。

（2）操作技能培训场所设备配置要求：能同时容纳20~50人上课的面积大于60平方米的标准教室，有便于开展互动式教学、演示教学、情境模拟教学的实训物品和材料。实训用具设备及其他物品、材料等配置要求如下（按20~50人标准配备，每10人为一小组进行实训）：

指南包

等级	序号	用具设备及其他物品、材料	数量	单位
五级/初级	1	货架	50	组
	2	柜台	10	组
	3	陈列柜	10	组
	4	收银机	1	台
	5	计算机	1	台
	6	投影仪	1	台
	7	药品分类标识牌	10	套
	8	药品陈列筐	10	个
	9	陈列药品	10	套
	10	隔离衣	10	件
	11	卫生圆帽	10	个
	12	一次性手套	20	只
	13	药袋	适量	个
	14	药匙	10	个
四级/中级	1	货架	50	组
	2	操作台	10	张
	3	椅子	10	把
	4	首营企业、首营品种资料	10	套
	5	药品仓库区域分类标识牌	10	套
	6	模拟药品冷藏箱	10	个
	7	药品专用箱	10	个
	8	收货、验收药品	10	套
	9	药品随货同行资料	10	套
	10	隔离衣	10	件
	11	卫生圆帽	10	个
	12	签字笔	10	支
	13	收货记录本	10	个
	14	验收记录本	10	个
	15	封胶带	10	个
	16	验收合格封签	适量	张

续表

等级	序号	用具设备及其他物品、材料	数量	单位
三级/高级	1	货架	10	组
	2	柜台	10	组
	3	药品分类标识牌	10	套
	4	模拟药品冷藏柜	10	个
	5	药品	10	套
	6	隔离衣	10	件
	7	卫生圆帽	10	个
	8	签字笔	10	支
	9	模拟处方	10	张
	10	处方记录本	10	个
	11	销售记录本	10	个
	12	包装袋	适量	个
	13	一次性手套	20	只
	14	药袋	适量	个
	15	药匙	10	把

1.3.3 教学资料配备要求

（1）培训规范：《医药商品购销员国家职业技能标准》《医药商品购销员职业基本素质培训要求》《医药商品购销员职业技能培训要求》《医药商品购销员职业基本素质培训课程规范》《医药商品购销员职业技能培训课程规范》《医药商品购销员职业基本素质培训考核规范》《医药商品购销员职业技能培训理论知识考核规范》《医药商品购销员职业技能培训操作技能考核规范》。

（2）教学资源、教材教辅、网络资源等内容必须符合"（1）培训规范"。

1.3.4 管理人员配备要求

（1）专职校长：1人，应具有大专及以上文化程度、中级及以上专业技术职务任职资格，从事职业技术教育及教学管理5年以上，熟悉职业培训的有关法律法规。

（2）培训教务人员：1人，应具有大专及以上文化程度、中级及以上专业技术职务任职资格，从事职业技术教育及教学管理5年以上，具有丰富的教学管理经验。

(3) 办公室人员:1人以上,应具有大专及以上文化程度。

(4) 财务管理人员:2人,应具有大专及以上文化程度。

1.3.5　管理制度要求

应建立健全完备的管理制度,包括办学章程与发展规划、教学管理、教师管理、学员管理、财务管理、设备管理等制度。

2

课程包

2.1 培训要求

2.1.1 职业基本素质培训要求

职业基本素质模块	培训内容	培训细目
1. 职业道德	1-1 职业道德基本知识	（1）职业道德的含义 （2）职业道德规范行为的要素 （3）职业道德的特征和实践作用
	1-2 医药行业职业道德与医药商品购销员职业守则	（1）医药行业职业道德的概念、特征和原则 （2）作为医药商品购销员必须遵守的职业守则
2. 相关法律知识	2-1 《中华人民共和国药品管理法》相关规定	（1）药品管理法概述 （2）药品生产企业管理 （3）药品经营企业管理 （4）《中华人民共和国药品管理法》对药品的规定 （5）《中华人民共和国药品管理法》对假药、劣药的认定 （6）药品包装材料和容器的管理规定 （7）药品标签、说明书的规定 （8）药品价格及广告的管理规定 （9）药品监督方面的管理规定 （10）药品生产、经营过程中企业和人员应承担的法律责任
	2-2 《药品经营质量管理规范》（GSP）	（1）《药品经营质量管理规范》概述 （2）药品批发企业负责人及质量管理部门的管理职责 （3）批发企业人员与设施设备的要求 （4）批发企业各经营环节的质量要求 （5）零售企业各经营环节的质量要求
	2-3 《互联网药品信息服务管理办法》	《互联网药品信息服务管理办法》
	2-4 产品质量法知识	（1）法律概述 （2）产品质量监督管理制度 （3）生产者的产品质量责任和义务 （4）销售者的产品质量责任和义务 （5）损害赔偿 （6）罚则

续表

职业基本素质模块	培训内容	培训细目
2. 相关法律知识	2-5 消费者权益保护法知识	(1) 法律概述 (2) 消费者权利 (3) 经营者义务 (4) 争议的解决与法律责任
	2-6 反不正当竞争法知识	(1) 法律概述 (2) 不正当竞争行为 (3) 监督检查 (4) 不正当竞争行为的法律责任
	2-7 劳动法知识	(1) 法律概述 (2) 劳动合同的订立 (3) 劳动合同的履行与变更 (4) 劳动合同的解除与终止 (5) 监督检查和法律责任
3. 医学基础知识	3-1 人体的构成	(1) 人体的组成 (2) 细胞的基本功能 (3) 人体九大系统及各系统的组成、形态结构 (4) 人体九大系统对人体的生物学作用
	3-2 病原微生物	(1) 细菌的结构与种类及致病原理 (2) 真菌的形态、结构及致病原理 (3) 人体对真菌的免疫性、真菌的防治原则 (4) 病毒的形态结构、病毒的抵抗力 (5) 常见病毒及其导致的疾病 (6) 病毒的防治原则 (7) 支原体 (8) 衣原体 (9) 立克次体 (10) 螺旋体
	3-3 人体免疫功能	(1) 抗原的定义及特性 (2) 抗体的定义、分类、特性、功能 (3) 抗体的功能、作用 (4) 免疫应答的概念、类型、基本过程 (5) 免疫应答的特点 (6) 人体免疫缺陷性疾病的概念、临床表现、疾病特点 (7) 自身免疫病的特点以及防治原则 (8) 人体免疫及免疫系统、免疫器官、免疫细胞、免疫的分类 (9) 人体免疫的三大功能、免疫的三道防线

续表

职业基本素质模块	培训内容	培训细目
4．药物基础知识	4-1　药物的分类及制剂特点	（1）药物分类的常见分类标志 （2）不同分类方法下所包含的药物类别 （3）各种常用剂型的定义 （4）各种常用剂型的特点
	4-2　药物的作用	（1）药物的基本作用及治疗作用的定义 （2）药物的基本作用及治疗作用的类型 （3）药物作用的各种类型的定义 （4）不良反应的主要类型
	4-3　影响药物作用的因素	（1）剂型、剂量、给药途径、用药时间和次数、联合用药以及药物相互作用等因素对药物作用的影响 （2）年龄与体重、性别、个体差异、药物依赖性、病理状态、精神状态以及遗传等因素对药物作用的影响
	4-4　药品的质量标准	（1）药品质量标准的概念 （2）药品质量标准的制定原则 （3）《中华人民共和国药典》的组成 （4）药品质量标准的具体内容
	4-5　药品包装与标志	（1）药品包装的法律要求 （2）药品包装的技术要求 （3）药品包装的类别 （4）药品常用的包装材料与容器 （5）药品标签、注册商标和条形码的使用要求 （6）药品批准文号、批号的组成、有效期和失效期 （7）特殊管理药品、外用药品专有标志、指示性警告性标识 （8）药品说明书的主要内容 （9）药品说明书各项内容的含义
5．安全知识	5-1　防火基础知识	（1）引起火灾的原因 （2）灭火知识 （3）防火工作的基本措施
	5-2　安全用电知识	（1）安全用电注意事项 （2）发生触电时现场急救方法 （3）电气防火常识

2.1.2 五级/初级职业技能培训要求

职业功能模块	培训内容	技能目标	培训细目
1. 顾客服务	1-1 接待顾客	1-1-1 能掌握接待顾客的礼仪要求和基本技巧	(1) 按基本的流程接待顾客 (2) 掌握接待顾客的礼仪要求 (3) 处理接待中的常见问题 (4) 正确使用常用服务用语 (5) 掌握不同类型顾客的接待方法 (6) 掌握同时接待多个顾客的方法
	1-2 提供服务	1-2-1 能按照医药商业服务的基本步骤和形式要求提供企业服务	(1) 掌握医药商业服务的基本步骤 (2) 掌握医药商业服务的基本形式 (3) 掌握医药企业服务的基本规范
		1-2-2 能按照医药商品的特性使用不同的包装材料进行商品包装	(1) 掌握不同包装材料的特性 (2) 掌握不同包装类型并进行商品包装
2. 药品介绍	2-1 处方药与非处方药	2-1-1 能理解处方药与非处方药的分类管理办法	(1) 理解处方药与非处方药的概念 (2) 理解处方药与非处方药的管理要点
		2-1-2 能掌握使用非处方药的注意事项	(1) 指导顾客正确购买非处方药 (2) 指导顾客正确使用非处方药
	2-2 常用药物的适应证和使用方法	2-2-1 能进行解热镇痛抗炎药的药品介绍	(1) 独立完成顾客接待 (2) 介绍常用解热镇痛抗炎药的适应证和使用方法
		2-2-2 能进行中枢神经系统用药的药品介绍	(1) 独立完成顾客接待 (2) 介绍常用中枢神经系统用药的适应证和使用方法
		2-2-3 能进行抗微生物药的药品介绍	(1) 独立完成顾客接待 (2) 介绍常用抗微生物药的适应证和使用方法

续表

职业功能模块	培训内容	技能目标	培训细目
2. 药品介绍	2-2 常用药物的适应证和使用方法	2-2-4 能进行消化系统用药的药品介绍	(1) 独立完成顾客接待 (2) 介绍常用消化系统用药的适应证和使用方法
		2-2-5 能进行呼吸系统用药的药品介绍	(1) 独立完成顾客接待 (2) 介绍常用呼吸系统用药的适应证和使用方法
		2-2-6 能进行心血管系统用药的药品介绍	(1) 独立完成顾客接待 (2) 介绍常用心血管系统用药的适应证和使用方法
		2-2-7 能进行内分泌系统用药的药品介绍	(1) 独立完成顾客接待 (2) 介绍常用内分泌系统用药的适应证和使用方法
		2-2-8 能进行泌尿系统用药的药品介绍	(1) 独立完成顾客接待 (2) 介绍常用泌尿系统用药的适应证和使用方法
		2-2-9 能进行抗过敏药的药品介绍	(1) 独立完成顾客接待 (2) 介绍常用抗过敏药的适应证和使用方法
		2-2-10 能进行皮肤科及眼科用药的药品介绍	(1) 独立完成顾客接待 (2) 介绍常用皮肤科及眼科用药的适应证和使用方法
		2-2-11 能进行血液系统用药、维生素类药及抗寄生虫类药的药品介绍	(1) 独立完成顾客接待 (2) 介绍常用血液系统用药、维生素类药及抗寄生虫类药的适应证和使用方法
	2-3 药物的合理使用	2-3-1 能学会合理用药	(1) 掌握合理用药的基本准则 (2) 掌握特殊人群用药的注意事项
		2-3-2 能理解滥用药物的危害	(1) 理解不合理应用抗生素的危害 (2) 理解不合理应用解热镇痛抗炎药的危害 (3) 理解不合理应用中药的危害 (4) 理解不合理应用激素的危害

续表

职业功能模块	培训内容	技能目标	培训细目
2. 药品介绍	2-3 药物的合理使用	2-3-3 能知道如何合理使用抗菌药物	(1) 熟悉合理使用抗菌药物的要求 (2) 解析不合理应用抗菌药物
3. 药品销售	3-1 销售准备	3-1-1 能按要求做好各项销售前的环境准备工作	按环境要求做好环境准备工作
		3-1-2 能按照药品的各项规定做好销售前的物资准备工作	按照药品的各项规定做好物资准备工作
		3-1-3 能按照要求做好销售前的各项人员准备工作	(1) 按照要求做好人员的业务准备 (2) 按照要求做好人员的登记工作
	3-2 销售实施	3-2-1 能了解顾客心理特点，完成药品的销售交易工作	(1) 正确分析顾客的购买心理变化 (2) 严格按照销售流程进行药品销售
		3-2-2 能分清不同类型的票据，并按照要求进行正确地填写	(1) 对不同票据进行分类 (2) 按照票据填写要求填写各类票据
		3-2-3 能编制药品进销存日报表	(1) 熟知药品进销存日报表的组成内容 (2) 按照要求填写进销存日报表
	3-3 销售记录与售后管理	3-3-1 能按照不同类型的销售记录要求填写销售记录	(1) 按要求熟练填写各类药品销售记录 (2) 对销售记录进行有效管理
		3-3-2 能收集顾客资料和投诉，并能收集信息，正确填写药品不良反应/事件报告表	(1) 做好顾客访问工作 (2) 按要求填写药品不良反应/事件报告表 (3) 按照规定要求进行药品召回工作 (4) 收集顾客异议
4. 药品陈列与保管	4-1 药品分类陈列	能掌握药品陈列相关要求	(1) 掌握药品配置的依据与要求 (2) 掌握药品陈列的原则、目标与技巧 (3) 按要求陈列药品

职业功能模块	培训内容	技能目标	培训细目
4. 药品陈列与保管	4-2 药品的保管与养护	能掌握药品保管与养护的基础知识，按药品性质保管、养护药品，做好温湿度记录	(1) 掌握影响药品质量的因素 (2) 熟悉化学制剂与中成药及常见易变质剂型的养护特点 (3) 掌握药品养护的基本要求 (4) 掌握温湿度自动监测系统的组成及功能要求

2.1.3 四级/中级职业技能培训要求

职业功能模块	培训内容	技能目标	培训细目
1. 顾客服务	1-1 接待顾客咨询	1-1-1 能正确按照咨询顾客的不同类型，接待顾客咨询	(1) 掌握顾客咨询的主要内容 (2) 熟练使用接待顾客咨询的技巧
		1-1-2 能按照咨询查询处理流程进行答复并记录	(1) 掌握台账的登记方法 (2) 按照处理流程进行答复 (3) 按照要求对顾客查询处理进行记录
	1-2 处理顾客投诉	1-2-1 能按要求处理各类顾客投诉	掌握顾客投诉的不同类型特点
		1-2-2 能按照顾客投诉处理的步骤进行问题处理	(1) 掌握顾客投诉的基本原则 (2) 按照处理步骤进行问题处理
		1-2-3 能按照处理投诉的规范用语和禁语，以及交谈原则接受顾客投诉	(1) 掌握处理投诉的规范用语和禁语 (2) 掌握接受投诉时的交谈原则
		1-2-4 能掌握处理顾客投诉的不同技巧	妥善处理顾客不同的投诉
		1-2-5 能按照退换货处理原则进行退换货处理工作	(1) 掌握退换货的处理原则 (2) 按照退换货的服务标准进行工作
		1-2-6 能按照退换货的工作流程进行退换货工作	(1) 掌握零售企业的退换货流程和注意事项 (2) 掌握批发企业的退换货流程和注意事项

续表

职业功能模块	培训内容	技能目标	培训细目
2. 药品介绍	2-1 常见病基础知识	2-1-1 能根据感冒患者的临床表现进行疾病分型，并推荐合理的药品	（1）对流行性感冒患者进行问病荐药及简单的用药指导 （2）对普通感冒患者进行问病荐药及简单的用药指导
		2-1-2 能根据胃炎患者的临床表现进行疾病分型，并推荐合理的药品	（1）对急性单纯性胃炎患者进行问病荐药及简单的用药指导 （2）对急性糜烂性胃炎患者进行问病荐药及简单的用药指导 （3）对慢性胃炎患者进行问病荐药及简单的用药指导
		2-1-3 能根据尿路感染患者的临床表现进行疾病分型，并推荐合理的药品	（1）对急性肾盂肾炎患者进行问病荐药及简单的用药指导 （2）对急性膀胱炎患者进行问病荐药及简单的用药指导
		2-1-4 能根据支气管炎患者的临床表现进行疾病分型，并推荐合理的药品	（1）对急性支气管炎患者进行问病荐药及简单的用药指导 （2）对慢性支气管炎患者进行问病荐药及简单的用药指导
		2-1-5 能根据大叶性肺炎患者的临床表现进行疾病诊断，并推荐合理的药品	（1）对大叶性肺炎患者进行疾病诊断与分析 （2）针对大叶性肺炎患者给出治疗建议，推荐合适的抗菌药物
		2-1-6 能根据过敏性鼻炎患者的临床表现进行疾病诊断，并推荐合理的药品	（1）对过敏性鼻炎患者进行疾病诊断与分析 （2）针对过敏性鼻炎患者给出治疗建议，推荐合适的药物
		2-1-7 能根据消化不良患者的临床表现进行疾病诊断，并推荐合理的药品	（1）对消化不良患者进行疾病诊断与分析 （2）针对消化不良患者给出治疗建议，推荐合适的药物
		2-1-8 能根据支气管哮喘患者的临床表现进行疾病诊断，并推荐合理的药品	（1）对支气管哮喘患者进行疾病诊断与分析 （2）针对支气管哮喘患者给出治疗建议，推荐合适的药物

续表

职业功能模块	培训内容	技能目标	培训细目
2．药品介绍	2-2 常见药品的作用、用途、不良反应及注意事项	2-2-1 能进行抗微生物药物与抗寄生虫药物的问病荐药及用药指导	（1）掌握常见抗微生物药物与抗寄生虫药物的药理作用和临床应用，指导顾客购买药物 （2）基本掌握常见抗微生物药物与抗寄生虫药物的不良反应和注意事项，对顾客进行正确的用药指导
		2-2-2 能进行解热镇痛抗炎药的问病荐药及用药指导	（1）掌握常见解热镇痛抗炎药的药理作用和临床应用，指导顾客购买药物 （2）基本掌握常见解热镇痛抗炎药的不良反应和注意事项，对顾客进行正确的用药指导
		2-2-3 能进行神经系统及精神障碍用药的问病荐药及用药指导	（1）掌握常见神经系统及精神障碍用药的药理作用和临床应用，指导顾客购买药物 （2）基本掌握常见神经系统及精神障碍用药的不良反应和注意事项，对顾客进行正确的用药指导
		2-2-4 能进行心血管系统用药的问病荐药及用药指导	（1）掌握常见心血管系统用药的药理作用和临床应用，指导顾客购买药物 （2）基本掌握常见心血管系统用药的不良反应和注意事项，对顾客进行正确的用药指导
		2-2-5 能进行呼吸系统用药的问病荐药及用药指导	（1）掌握常见呼吸系统用药的药理作用和临床应用，指导顾客购买药物 （2）基本掌握常见呼吸系统用药的不良反应和注意事项，对顾客进行正确的用药指导
		2-2-6 能进行消化系统用药的问病荐药及用药指导	（1）掌握常见消化系统用药的药理作用和临床应用，指导顾客购买药物 （2）基本掌握常见消化系统用药的不良反应和注意事项，对顾客进行正确的用药指导

续表

职业功能模块	培训内容	技能目标	培训细目
2. 药品介绍	2-2 常见药品的作用、用途、不良反应及注意事项	2-2-7 能进行泌尿系统用药的问病荐药及用药指导	（1）掌握常见泌尿系统用药的药理作用和临床应用，指导顾客购买药物 （2）基本掌握常见泌尿系统用药的不良反应和注意事项，对顾客进行正确的用药指导
		2-2-8 能进行血液系统用药的问病荐药及用药指导	（1）掌握常见血液系统用药的药理作用和临床应用，指导顾客购买药物 （2）基本掌握常见血液系统用药的不良反应和注意事项，对顾客进行正确的用药指导
		2-2-9 能进行内分泌系统用药的问病荐药及用药指导	（1）掌握常见内分泌系统用药的药理作用和临床应用，指导顾客购买药物 （2）基本掌握常见内分泌系统用药的不良反应和注意事项，对顾客进行正确的用药指导
		2-2-10 能进行抗变态反应药、维生素类药、皮肤科用药及眼科用药的问病荐药及用药指导	（1）掌握常见抗变态反应药、维生素类药、皮肤科用药及眼科用药的药理作用和临床应用，指导顾客购买药物 （2）基本掌握常见抗变态反应药、维生素类药、皮肤科用药及眼科用药的不良反应和注意事项，对顾客进行正确的用药指导
	2-3 处方及处方调配	2-3-1 能理解处方的含义和分类	（1）理解处方的含义 （2）理解处方的分类
		2-3-2 能掌握处方的结构和规则	（1）掌握处方的结构 （2）掌握处方制度及处方书写要求
		2-3-3 能看懂处方用语	看懂处方常用缩写词和常用剂型缩写词
		2-3-4 能进行处方审核和处方调配	（1）初步审核处方 （2）根据处方调配的程序进行正确的处方调配

续表

职业功能模块	培训内容	技能目标	培训细目
3．药品购销	3-1 购进药品	3-1-1 能审核首营资料	(1) 审核首营企业资料 (2) 审核首营品种资料
		3-1-2 能编制采购计划	(1) 掌握采购品种的类型 (2) 掌握药品采购类型 (3) 掌握影响药品采购的因素 (4) 制订采购计划
		3-1-3 能签订采购合同	(1) 对合同签订过程中的职责进行分工 (2) 掌握签订采购合同的原则和要求 (3) 掌握标准书面合同内容 (4) 合同的管理
		3-1-4 能选择供应商	供应商质量评审
	3-2 销售药品	3-2-1 能签订销售合同	(1) 销售合同的审核 (2) 销售合同的签订
		3-2-2 能审核客户资料、建立销售记录	(1) 客户资料的收集与审核 (2) 建立销售记录
		3-2-3 能操作调价	调价单的维护与审核
	3-3 药品招投标	熟悉药品招投标工作	(1) 熟悉药品招投标的基本概念，了解集中采购应遵循的原则及意义 (2) 熟悉药品招投标的流程及注意事项 (3) 了解当前主要的药品招标模式
4．药品保管与养护	4-1 药品的收货验收与养护	4-1-1 能正确操作药品收货和验收	(1) 正确进行药品收货 (2) 正确进行药品验收
		4-1-2 能进行药品效期管理	(1) 正确进行药品的效期管理 (2) 按时正确填报近效期药品催销表
		4-1-3 能进行药品的检查与养护	正确进行在库药品的检查与养护

续表

职业功能模块	培训内容	技能目标	培训细目
4．药品保管与养护	4-2 不合格药品及退货药品处理	4-2-1 能正确进行不合格药品确认	不合格药品确认
		4-2-2 能正确处理不合格药品及退货药品	按照不合格药品处理程序正确处理不合格药品及退货药
5．经济核算	5-1 商业计算	5-1-1 能进行经济指标的计算	（1）商品资金指标的计算 （2）商品销售差错率指标的计算 （3）商品费用指标的计算 （4）商品利润指标的计算
		5-1-2 能掌握经济核算的目的和特征，熟悉柜组核算和记账	（1）掌握经济核算的目的和特征 （2）掌握柜组核算和记账
	5-2 商品盘点与结算	5-2-1 能掌握盘点与结算相关知识	（1）掌握盘点的目的 （2）掌握盘点的原则 （3）掌握盘点的方法 （4）掌握盘点制度 （5）掌握结算操作
		5-2-2 能正确进行库存盘点	（1）掌握商业盘点操作流程 （2）掌握商业盘点操作步骤 （3）掌握盘点人员方面的注意事项 （4）掌握盘点商品方面的注意事项 （5）掌握盘点结果方面的注意事项
	5-3 应收、应付结算	5-3-1 能熟悉客户的信用额度	（1）熟悉信用限额 （2）熟悉信用期限 （3）熟悉现金折扣 （4）熟悉可接受的支付方式
		5-3-2 能严格执行企业内部应收、应付账款的管理制度	（1）应收账款的管理 （2）应付账款的处理 （3）了解应收、应付记录

2.1.4 三级/高级职业技能培训要求

职业功能模块	培训内容	技能目标	培训细目
1. 药品介绍	1-1 常用药品	1-1-1 能详细介绍解热镇痛抗炎药的药理学特点,并结合患者具体情况推荐药品及进行用药指导	(1) 熟练掌握几种常用解热镇痛抗炎药的作用机制、英文名称、体内过程、药品特点 (2) 结合患者的具体情况,推荐合理的解热镇痛抗炎药,并进行药品介绍
		1-1-2 能详细介绍几种常见神经系统用药的药理学特点,并结合患者具体情况推荐药品及进行用药指导	(1) 熟练掌握几种常用神经系统用药的作用机制、英文名称、体内过程、药品特点 (2) 结合患者的具体情况,推荐合理的神经系统药物,并进行药品介绍
		1-1-3 能详细介绍几种常见治疗精神障碍药物的药理学特点,并结合患者具体情况推荐药品及进行用药指导	(1) 熟练掌握几种常用治疗精神障碍药物的作用机制、英文名称、体内过程、药品特点 (2) 结合患者的具体情况,推荐合理的治疗精神障碍药物,并进行药品介绍
		1-1-4 能详细介绍抗感染药的药理学特点,并结合患者具体情况推荐药品及进行用药指导	(1) 熟练掌握几种常用抗感染药物的作用机制、英文名称、体内过程、药品特点 (2) 结合患者的具体情况,推荐合理的抗感染药物,并进行药品介绍
		1-1-5 能详细介绍消化系统用药的药理学特点,并结合患者具体情况推荐药品及进行用药指导	(1) 熟练掌握几种常用消化系统药物的作用机制、英文名称、体内过程、药品特点 (2) 结合患者的具体情况,推荐合理的消化系统药物,并进行药品介绍
		1-1-6 能详细介绍几种常见呼吸系统用药的药理学特点,并结合患者具体情况推荐药品及进行用药指导	(1) 熟练掌握几种常用呼吸系统药物的作用机制、英文名称、体内过程、药品特点 (2) 结合患者的具体情况,推荐合理的呼吸系统药物,并进行药品介绍

续表

职业功能模块	培训内容	技能目标	培训细目
1. 药品介绍	1-1 常用药品	1-1-7 能详细介绍几种常见心血管系统用药的药理学特点，并结合患者具体情况推荐药品及进行用药指导	（1）熟练掌握几种常用心血管系统药物的作用机制、英文名称、体内过程、药品特点 （2）结合患者的具体情况，推荐合理的心血管系统药物，并进行药品介绍
		1-1-8 能详细介绍内分泌系统用药的药理学特点，并结合患者具体情况推荐药品及进行用药指导	（1）熟练掌握几种常用内分泌系统药物的作用机制、英文名称、体内过程、药品特点 （2）结合患者的具体情况，推荐合理的内分泌系统药物，并进行药品介绍
		1-1-9 能详细介绍泌尿系统用药的药理学特点，并结合患者具体情况推荐药品及进行用药指导	（1）熟练掌握几种常用泌尿系统药物的作用机制、英文名称、体内过程、药品特点 （2）结合患者的具体情况，推荐合理的泌尿系统药物，并进行药品介绍
		1-1-10 能详细介绍几种常见抗过敏药的药理学特点，并结合患者具体情况推荐药品及进行用药指导	（1）熟练掌握几种常用抗过敏药的作用机制、英文名称、体内过程、药品特点 （2）结合患者的具体情况，推荐合理的抗过敏药，并进行药品介绍
		1-1-11 能详细介绍几种常见皮肤科及眼科用药的药理学特点，并结合患者具体情况推荐药品及进行用药指导	（1）熟练掌握几种常用皮肤科及眼科药物的作用机制、英文名称、体内过程、药品特点 （2）结合患者的具体情况，推荐合理的皮肤科及眼科药物，并进行药品介绍
		1-1-12 能详细介绍几种常见血液系统药物、维生素类药物及抗寄生虫药的药理学特点，并结合患者具体情况推荐药品及进行用药指导	（1）熟练掌握几种常用血液系统药物、维生素类药物、抗寄生虫药的作用机制、英文名称、体内过程、药品特点 （2）结合患者的具体情况，推荐合理的药物，并进行药品介绍

续表

职业功能模块	培训内容	技能目标	培训细目
1. 药品介绍	1-2 常见病的药物治疗	1-2-1 能与不同类型的高血压患者进行疾病沟通，并给出药物治疗建议	(1) 全面介绍高血压疾病的相关知识，并对高血压患者给出全面的治疗建议 (2) 针对患者推荐合理的抗高血压药物，并制订出个体化的给药方案、联合用药方案，指导患者合理用药
		1-2-2 能与不同类型的消化性溃疡患者进行疾病沟通，并给出药物治疗建议	(1) 全面介绍消化性溃疡疾病的相关知识，并对消化性溃疡患者给出全面的治疗建议 (2) 针对患者推荐合理的抗消化性溃疡药物，并制订出个体化的给药方案、联合用药方案，指导患者合理用药
		1-2-3 能与肺结核患者进行疾病沟通，并给出药物治疗建议	(1) 全面介绍肺结核疾病的相关知识，并对肺结核患者给出全面的治疗建议 (2) 针对患者推荐合理的抗肺结核药物，并制订出个体化的给药方案、联合用药方案，指导患者合理用药
		1-2-4 能与不同类型的糖尿病患者进行疾病沟通，并给出药物治疗建议	(1) 全面介绍糖尿病疾病的相关知识，并对糖尿病患者给出全面的治疗建议 (2) 针对患者推荐合理的降糖药物，并制订出个体化给药方案、联合用药方案，指导患者合理用药
		1-2-5 能与不同类型的高脂血症患者进行疾病沟通，并给出药物治疗建议	(1) 全面介绍高脂血症疾病的相关知识，并对高脂血症患者给出全面的治疗建议 (2) 针对患者推荐合理的降血脂药物，并制订出个体化的给药方案、联合用药方案，指导患者合理用药
	1-3 新药品种介绍	1-3-1 能针对新上市药品进行资料收集及介绍	(1) 理解药品市场拓展中新药品种介绍的目的、内容及介绍技巧 (2) 利用多种资源手段，搜集新药品种相关资料

续表

职业功能模块	培训内容	技能目标	培训细目
1. 药品介绍	1-3 新药品种介绍	1-3-2 能将某种新上市药品介绍给医师或同行	将新上市药品介绍给医师或同行，并将新药与同类药品进行比较
2. 药品营销	2-1 市场调研与新品种开发	2-1-1 能实施市场调研与市场预测	（1）根据调查内容和类型，选择合适的调查方法 （2）按照步骤实施市场调查活动 （3）独立撰写调查报告 （4）根据调查的结果，选择合适的市场预测方法 （5）按照步骤实施市场预测，得出预测结论
		2-1-2 能对新产品开发进行策划	（1）掌握产品不同生命周期阶段的特点 （2）掌握不同产品生命周期的应对策略 （3）按照新产品开发程序，进行新产品开发策划
	2-2 销售促进	2-2-1 能对顾客心理进行分析	（1）熟练分析顾客的不同心理类型 （2）掌握不同购买行为类型的应对技巧
		2-2-2 能运用不同的营销策略进行产品促销	（1）掌握不同促销手段的特点 （2）熟练运用各种营销策略
		2-2-3 能运用不同的药品营销渠道策略	（1）掌握不同类型药品营销渠道的特性 （2）熟练使用营销渠道的策略
	2-3 商务谈判	2-3-1 能参与商务谈判，分析谈判僵局的类别和成因	（1）熟练掌握商务谈判的基本方法 （2）熟练掌握商务谈判的基本技巧 （3）按照商务谈判的程序进行谈判
		2-3-2 能按照法律程序对合同纠纷进行变更、解除、仲裁等处理	（1）按照法律程序进行合同变更和解除 （2）按照法律规程进行合同仲裁处理

续表

职业功能模块	培训内容	技能目标	培训细目
3．药品的保管养护	3-1 药品的特殊保管	能分清麻醉药品、精神药品、医疗用毒性药品、放射性药品、戒毒药品、含麻黄碱类复方制剂及其特殊管理要求	（1）掌握麻醉药品的管理 （2）掌握精神药品的管理 （3）掌握医疗用毒性药品的管理 （4）掌握放射性药品的管理 （5）掌握戒毒药品的管理 （6）掌握含麻黄碱类复方制剂的管理
	3-2 药品的重点养护	能运用特殊保管方法保管药品	（1）分清重点养护品种的类别 （2）按规定对重点养护品种进行养护
4．经济核算	4-1 库存分析	4-1-1 能掌握医药商品最高、最低库存量的计算方法	（1）掌握药品库存控制概念 （2）掌握医药商品最高、最低库存量的计算公式
		4-1-2 能掌握医药商品合理库存指标的计算	（1）掌握医药商品合理库存控制方法概述 （2）掌握医药商品合理库存核算指标
		4-1-3 能用经济批量储存法合理确定医药商品库存量	掌握医药商品经济批量储存法
		4-1-4 能掌握医药商品库存ABC分析法	（1）掌握ABC分析法简介 （2）掌握ABC分析法在药品库存结构中的应用
	4-2 保本保利分析	4-2-1 能了解保本保利分析基础知识	（1）掌握成本的形态分类 （2）掌握量本利分析概述
		4-2-2 能掌握保本保利计算	（1）掌握保本分析 （2）掌握保利分析
		4-2-3 能掌握量本利分析法	（1）掌握量本利分析图 （2）掌握安全边际分析

2.2 课 程 规 范

2.2.1 职业基本素质培训课程规范

模块	课程	学习单元	课程内容	培训建议	课堂学时
1. 职业道德	1-1 职业道德基本知识	（1）职业道德的含义和要素	1）职业道德的含义 2）职业道德的基本要素 ①职业理想 ②职业态度 ③职业法纪 ④职业荣誉 ⑤职业作风	（1）方法：讲授法、案例教学法、讨论法 （2）重点与难点：职业道德的基本要素	1
		（2）职业道德的特征和实践作用	1）职业道德的特征 ①鲜明的行业性 ②适用范围的有限性 ③表现形式的多样性 ④一定的强制性 ⑤相对稳定性	（1）方法：讲授法、案例教学法、讨论法 （2）重点与难点：职业道德的特征	1
			2）职业道德的实践作用		
	1-2 医药行业职业道德与医药商品购销员职业守则	（1）医药行业职业道德的概念、特征和原则	1）医药行业职业道德的概念	（1）方法：讲授法、案例教学法、观摩法 （2）重点与难点：医药行业职业道德的特征与原则	1
			2）医药行业职业道德的特征		
			3）医药行业职业道德的原则		
		（2）医药商品购销员职业守则	1）遵纪守法，爱岗敬业	（1）方法：讲授法、案例教学法、观摩法 （2）重点与难点：医药商品购销员职业守则	1
			2）质量为本，真诚守信		
			3）急人所难，救死扶伤		
			4）文明经商，热情服务		

续表

模块	课程	学习单元	课程内容	培训建议	课堂学时
2.相关法律知识	2-1《中华人民共和国药品管理法》相关规定	(1)药品管理法概述	1)立法目的 2)适用范围	(1)方法：讲授法 (2)重点与难点：适用范围	1
		(2)药品生产和经营企业管理	1)开办药品生产、经营企业的条件 2)开办药品生产、经营企业的法定程序 3)实施《药品生产质量管理规范》《药品经营质量管理规范》 4)药品经营企业经营行为的有关规定	(1)方法：讲授法、演示法、实训（练习）法 (2)重点与难点：开办药品生产、经营企业的条件及法定程序	2
		(3)药品管理	1)关于新药的管理 2)药品实施批准文号管理的规定 3)药品标准 4)对新药审评和药品再评价的规定 5)采购药品的要求 6)特殊管理的药品 7)国家实行的几项药品制度 ①药品上市许可持有人制度 ②药品追溯制度 ③基本药物制度 ④药物警戒制度 8)关于进出口药品的规定 9)药品检验的规定 10)关于假药和劣药的认定 11)药品的通用名称 12)对有关药品从业人员卫生要求的法律规定	(1)方法：讲授法、演示法、实训（练习）法 (2)重点与难点：采购药品的要求，关于假药和劣药的认定	2

续表

模块	课程	学习单元	课程内容	培训建议	课堂学时
2. 相关法律知识	2-1 《中华人民共和国药品管理法》相关规定	（4）药品包装的管理	1）药品包装材料容器的管理 2）药品的标签和说明书	（1）方法：讲授法、演示法 （2）重点与难点：药品的标签和说明书	1
		（5）药品价格及广告的管理	1）药品价格管理的规定 2）药品广告的管理	（1）方法：讲授法、演示法 （2）重点与难点：药品广告的管理	1
		（6）药品监督方面的管理	1）对药品监督管理部门和人员的要求 2）药品安全信息统一公布制度 3）申请复验的有关规定 4）国家实行的药品警戒制度	（1）方法：讲授法、案例教学法 （2）重点与难点：申请复验的有关规定	1
		（7）法律责任	1）生产、销售假药应承担的法律责任 2）生产、销售劣药应承担的法律责任 3）生产、销售假劣药品的有关人员应承担的法律责任 4）药品经营企业等未按规定实施有关规定应承担的法律责任 5）违反本法关于许可证和药品批准证明文件的规定应承担的法律责任	（1）方法：讲授法、案例教学法 （2）重点与难点：生产、销售假、劣药应承担的法律责任	1
	2-2 《药品经营质量管理规范》(GSP)	（1）《药品经营质量管理规范》概述	1）立法依据 2）适用范围	（1）方法：讲授法 （2）重点与难点：适用范围	1
		（2）药品批发的质量管理	1）管理职责 ①企业负责人职责 ②质量管理部门职责	（1）方法：讲授法、演示法、实训（练习）法	2

续表

模块	课程	学习单元	课程内容	培训建议	课堂学时
2．相关法律知识	2-2 《药品经营质量管理规范》（GSP）	（2）药品批发的质量管理	2）人员与培训 ①关键岗位人员 ②人员资格要求 ③培训要求 ④健康检查	（2）重点与难点：药品经营企业经营环节的质量要求	
			3）设施与设备 ①库房要求 ②库房设施设备		
			4）采购 ①采购程序 ②购进记录		
			5）收货与验收		
			6）储存与养护		
			7）出库、运输与配送 ①药品出库原则 ②出库 ③运输与配送		
			8）销售与售后服务 ①药品销售要求 ②药品售后管理		
		（3）药品零售的质量管理	1）管理职责	（1）方法：讲授法、演示法、实训（练习）法 （2）重点与难点：陈列与储存、销售管理	1
			2）人员管理		
			3）设施与设备		
			4）陈列与储存		
			5）销售管理		
			6）售后管理		
	2-3 《互联网药品信息服务管理办法》	《互联网药品信息服务管理办法》概述	1）概述 ①立法目的和依据 ②适用范围 ③互联网药品信息服务类型 ④监管责任主体 ⑤申请人合法权益与违法处罚 ⑥行政部门违法审核应承担的责任	（1）方法：讲授法、案例教学法	1

续表

模块	课程	学习单元	课程内容	培训建议	课堂学时
2. 相关法律知识	2-3 《互联网药品信息服务管理办法》	《互联网药品信息服务管理办法》概述	2）互联网药品信息服务资格证书的申请 ①申请条件 ②申请程序	（2）重点与难点：互联网药品信息服务资格证书的申请	
	2-4 产品质量法知识	产品质量法知识	1）法律概述 ①产品质量法的相关概念 ②产品质量法调整的对象 ③产品质量法的立法目的和适用范围	（1）方法：讲授法、案例教学法 （2）重点与难点：产品质量监督检查制度	1
			2）产品质量监督管理制度 ①企业质量体系认证制度 ②产品质量认证制度 ③产品质量监督检查制度		
			3）生产者的产品质量责任和义务		
			4）销售者的产品质量责任和义务		
			5）损害赔偿 ①一般产品质量的赔偿责任 ②产品缺陷的赔偿责任 ③损害赔偿的具体规定 ④产品质量纠纷处理方式		
			6）罚则 ①行政责任 ②刑事责任		
	2-5 消费者权益保护法知识	消费者权益保护法知识	1）法律概述	（1）方法：讲授法、讨论法	1
			2）消费者的权利 ①保障安全权 ②知情权 ③自主选择权 ④公平交易权 ⑤依法求偿权		

续表

模块	课程	学习单元	课程内容	培训建议	课堂学时
2．相关法律知识	2-5 消费者权益保护法知识	消费者权益保护法知识	⑥依法结社权 ⑦知情权 ⑧受尊重权 ⑨监督权	（2）重点与难点：消费者的权利	
			3）经营者的义务 ①经营者应当按照法律的规定或者合同的约定履行义务 ②接受监督的义务 ③保证其提供的商品或者服务安全的义务 ④提供真实信息的义务 ⑤出具凭证和单据的义务 ⑥保证质量的义务 ⑦实行"三包"的责任义务 ⑧不得从事不公平、不合理交易的义务 ⑨尊重消费者的义务		
			4）争议的解决与法律责任 ①争议的解决途径 ②经营者的法律责任		
	2-6 反不正当竞争法知识	反不正当竞争法知识	1）法律概述 ①立法目的 ②我国市场交易的基本原则	（1）方法：讲授法、讨论法、案例教学法 （2）重点与难点：不正当竞争行为	1
			2）不正当竞争行为 ①不正当竞争行为的特征 ②不正当竞争的行为		
			3）监督检查 ①监督检查部门 ②监督检查部门的职权		
			4）不正当竞争行为的法律责任 ①民事法律责任 ②行政责任 ③刑事责任		

续表

模块	课程	学习单元	课程内容	培训建议	课堂学时
2.相关法律知识	2-7 劳动法知识	劳动法知识	1）法律概述 ①劳动法的相关概念 ②劳动法调整的对象 ③劳动法的适用范围 2）劳动合同的订立 3）劳动合同的履行与变更 4）劳动合同的解除与终止 5）监督检查和法律责任	（1）方法：讲授法、案例教学法、讨论法 （2）重点与难点：劳动合同的订立	1
3.医学基础知识	3-1 人体的构成	（1）概述	1）人体的外观：头、颈、躯干、四肢 2）人体的组成：细胞、组织、器官、系统 3）细胞 ①细胞的组成 ②生物电现象 4）人体的四大组织 ①结缔组织 ②上皮组织 ③肌肉组织 ④神经组织	（1）方法：讲授法、讨论法 （2）重点与难点：细胞的组成	1
		（2）人体各系统构成及基本功能	1）循环系统 ①心脏：心脏的位置、心脏的外形、心脏的血管、心脏的收缩功能 ②血管的种类、结构与分布：动脉、静脉、毛细血管 ③淋巴系统 2）神经系统 ①脑和脑神经 ②脊髓和脊神经 ③植物性神经系统	（1）方法：讲授法、讨论法、实物示教法	2

续表

模块	课程	学习单元	课程内容	培训建议	课堂学时
3．医学基础知识	3-1 人体的构成	（2）人体各系统构成及基本功能	3）运动系统 ①骨及骨联结 ②躯干骨及联结 ③颅骨及其联结 ④四肢骨及其联结 ⑤骨骼肌 4）皮肤 ①表皮 ②真皮 ③皮下组织 ④皮肤的附属器：毛发、皮脂腺、汗腺、指（趾）甲 ⑤皮肤的功能 5）消化系统 ①消化系统的组成：消化管和消化腺 ②消化管的一般结构 ③消化管各段的解剖：口腔、咽、食管、胃、小肠、大肠、盲肠、直肠 ④消化腺：胰、肝 6）呼吸系统 ①呼吸系统的组成及其基本结构 ②肺的构成 ③呼吸 7）泌尿系统 ①泌尿系统的组成 ②尿的形成 8）生殖系统 ①男性生殖系统 ②女性生殖系统 9）内分泌系统 ①甲状腺：甲状腺构造、甲状腺激素、甲状腺激素的生物学作用 ②肾上腺及其激素 ③松果体及其激素	（2）重点与难点：九大系统的生物学作用	

续表

模块	课程	学习单元	课程内容	培训建议	课堂学时
3. 医学基础知识	3-2 病原微生物	（1）细菌	1）细菌的形态 ①球菌 ②杆菌 ③螺旋菌	（1）方法：讲授法、讨论法、实物示教法 （2）重点与难点：常见病原性细菌	2
			2）细菌的结构 ①基本结构：细胞壁、细胞膜、细胞质和包含体、核质体 ②特殊结构：荚膜、鞭毛、菌毛、芽孢		
			3）细菌的营养和生长繁殖 ①细菌的营养类型 ②细菌的营养物质：水、碳源、氮源、无机盐、生长因子 ③细菌的生长繁殖条件		
			4）细菌在人体的分布 ①正常菌群的含义 ②人体正常菌群的分布 ③正常菌群的生理作用 ④条件致病菌和菌群失调		
			5）细菌的致病性 ①细菌的毒力 ②细菌入侵门户 ③机体的抗拒免疫		
			6）细菌的变异现象		
			7）常见病原性细菌 ①球菌：葡萄球菌、链球菌、奈瑟球菌 ②肠道杆菌：大肠杆菌、沙门氏菌、志贺氏菌、绿脓杆菌、棒状杆菌、分枝杆菌、厌氧芽孢杆菌		
		（2）真菌	1）真菌的形态和结构：菌丝、孢子、酵母菌、霉菌、双相真菌	（1）方法：讲授法、讨论法	1
			2）真菌的抵抗力		

续表

模块	课程	学习单元	课程内容	培训建议	课堂学时
3．医学基础知识	3-2 病原微生物	(2) 真菌	3) 真菌的致病性 ①真菌性感染 ②条件性真菌感染 ③过敏性真菌病 ④真菌毒素中毒症	(2) 重点与难点：常见真菌导致的疾病以及防治原则	
			4) 人体对真菌的免疫性 ①非特异性免疫 ②特异性免疫		
			5) 真菌感染的防治原则		
		(3) 病毒	1) 病毒的大小与形态	(1) 方法：讲授法、讨论法 (2) 重点与难点：常见致病病毒及其防治原则	1
			2) 病毒的结构与功能 ①病毒的基本结构：病毒核酸、衣壳 ②病毒的辅助结构：囊膜、触须样纤维、病毒携带的酶		
			3) 病毒的抵抗力 ①病毒对物理因素的抵抗力：温度、盐类、酸碱度、射线 ②病毒对化学因素的抵抗力：脂溶剂、甘油、化学消毒剂、抗生素		
			4) 病毒对机体的致病作用 ①病毒感染机体的类型：亚临床感染、急性感染、持续性感染 ②病毒感染细胞的类型：杀细胞性感染、稳定性感染、整合感染		
			5) 常见致病病毒及其防治原则 ①流感病毒 ②流行性乙脑病毒 ③肝炎病毒 ④肠道病毒		

续表

模块	课程	学习单元	课程内容	培训建议	课堂学时
3．医学基础知识	3-2 病原微生物	（4）其他微生物	1）支原体 ①生物学性状 ②抵抗力 ③支原体致病性与免疫性 ④主要致病性支原体：肺炎感染支原体、泌尿生殖道感染支原体、穿透支原体 2）衣原体 ①生物学性状 ②类型 ③抵抗力 ④衣原体所致疾病：沙眼、包涵体薄膜炎、泌尿生殖道感染、性病淋巴肉芽肿、呼吸道感染 3）立克次体的生物学特点及其所致疾病 4）螺旋体的生物学特点及其所致疾病	（1）方法：讲授法、讨论法 （2）重点与难点：支原体、衣原体、立克次体、螺旋体的特点及其导致的疾病	1
	3-3 人体免疫功能	（1）抗原	抗原的定义及特性	（1）方法：讲授法、讨论法 （2）重点与难点：抗原的特性	1
		（2）抗体	1）各类抗体的主要特性和功能 ①IgG ②IgM ③IgA ④IgD ⑤IgE 2）抗体的功能与作用 ①中和毒素和阻止病原体入侵 ②激活补体产生攻膜复合物使细胞溶解破坏 ③调理吞噬和 ADCC ④介导Ⅰ型超敏反应 ⑤穿过胎盘屏障和黏膜	（1）方法：讲授法、讨论法 （2）重点与难点：抗体的功能与作用	1

续表

模块	课程	学习单元	课程内容	培训建议	课堂学时
3. 医学基础知识	3-3 人体免疫功能	(3) 免疫应答	1) 免疫应答的类型 ①按参与细胞分类 ②按抗原刺激顺序分类 ③按应答效果分类 2) 免疫应答的基本过程 ①抗原识别阶段 ②淋巴细胞活化阶段 ③抗原清除阶段 3) 免疫应答的特点 ①排异性 ②特异性 ③记忆性 ④放大性	(1) 方法：讲授法、讨论法 (2) 重点与难点：免疫应答的基本过程	1
3. 医学基础知识	3-3 人体免疫功能	(4) 人体免疫功能与疾病	1) 临床表现 ①感染 ②肿瘤 ③变态反应 ④自身免疫病 2) 共同特点 ①对各种病原体的易感性增加 ②易发生恶性肿瘤 ③易并发自身免疫病 ④遗传倾向性 3) 原发性免疫缺陷病 ①抗体缺陷病 ②T细胞缺陷病 ③T和B细胞联合免疫缺陷病 ④吞噬细胞缺陷病 ⑤补体系统缺陷病 4) 继发性免疫缺陷疾病 ①感染 ②恶性肿瘤 ③免疫抑制剂和抗生素类药物 ④营养不良与营养过多 ⑤肝、肾功能不全 ⑥其他	(1) 方法：讲授法、讨论法	1

续表

模块	课程	学习单元	课程内容	培训建议	课堂学时
3. 医学基础知识	3-3 人体免疫功能	（4）人体免疫功能与疾病	5) 自身免疫病 ①自身免疫病的特点 ②自身免疫病的原因和发病机制 ③自身免疫病的分类 ④自身免疫病的治疗原则	（2）重点与难点：免疫缺陷性疾病的临床表现及特点，继发性免疫缺陷性疾病的诱因	
		（5）知识拓展：免疫	1) 免疫及免疫系统：免疫的定义、免疫系统的作用、免疫系统的分类	（1）方法：讲授法、讨论法 （2）重点与难点：免疫的三大功能及三道防线	1
			2) 免疫器官及免疫细胞 ①中枢免疫器官 ②周围免疫器官 ③免疫细胞		
			3) 免疫的分类 ①种免疫 ②获得性免疫：自动获得性免疫、被动获得性免疫		
			4) 免疫的三大功能 ①免疫防御 ②免疫自稳 ③免疫监视		
			5) 免疫的三道防线 ①免疫的第一道防线 ②免疫的第二道防线 ③免疫的第三道防线		
4. 药物基础知识	4-1 药物的分类及制剂特点	（1）药物的分类	1) 按药品来源分类	（1）方法：讲授法 （2）重点与难点：按药品管理的特殊性分类	1
			2) 按药物剂型分类		
			3) 按给药途径与方法分类		
			4) 按药理作用分类		
			5) 按处方药与非处方药分类		
			6) 按国家药物管理制度分类		
			7) 按药品管理的特殊性分类		
			8) 按商业习惯分类		

续表

模块	课程	学习单元	课程内容	培训建议	课堂学时
4.药物基础知识	4-1 药物的分类及制剂特点	(2) 药物的剂型	1) 片剂 2) 胶囊剂 3) 注射剂 4) 糖浆剂 5) 软膏剂 6) 栓剂 7) 酊剂 8) 散剂 9) 颗粒剂 10) 油剂 11) 气雾剂 12) 贴剂 13) 滴丸剂 14) 膜剂 15) 植入剂 16) 溶液剂 17) 混悬剂 18) 乳剂 19) 合剂 20) 滴剂	(1) 方法：讲授法 (2) 重点与难点：各种常用剂型的特点	2
	4-2 药物的作用	(1) 药物的基本作用及治疗作用	1) 药物的基本作用 ①兴奋作用 ②抑制作用 2) 药物的治疗作用 ①对因治疗作用 ②对症治疗作用	(1) 方法：讲授法 (2) 重点与难点：药物的治疗作用	1
		(2) 药物作用的主要类型	1) 局部作用和吸收作用 ①局部作用 ②吸收作用 2) 选择作用和普遍细胞作用 ①药物的选择作用 ②普遍细胞作用	(1) 方法：讲授法	1

续表

模块	课程	学习单元	课程内容	培训建议	课堂学时
4．药物基础知识	4-2 药物的作用	（2）药物作用的主要类型	3）按照药物作用的性质分类 ①兴奋作用 ②抑制作用	（2）重点与难点：不良反应的主要类型	
			4）不良反应		
	4-3 影响药物作用的因素	（1）药物方面的因素	1）剂型	（1）方法：讲授法 （2）重点与难点：联合用药、药物相互作用对药物作用的影响	1
			2）剂量		
			3）给药途径		
			4）用药时间和次数		
			5）联合用药		
			6）药物相互作用		
		（2）机体方面的因素	1）年龄与体重	（1）方法：讲授法 （2）重点与难点：个体差异、药物依赖性对药物作用的影响	1
			2）性别		
			3）个体差异		
			4）药物依赖性		
			5）病理状态		
			6）精神状态		
			7）遗传因素		
	4-4 药品的质量标准	（1）药品质量标准的概念与制定原则	1）药品质量标准的含义	（1）方法：讲授法 （2）重点与难点：药品质量标准的制定原则	1
			2）药品质量标准的制定原则		
		（2）药品质量标准的内容	1）《中华人民共和国药典》	（1）方法：讲授法 （2）重点与难点：药品质量标准的具体内容	1
			2）《中华人民共和国药典》的收载范围		
			3）药品质量标准的具体内容		
	4-5 药品包装与标志	（1）药品包装的基本要求	1）药品包装的法律要求	（1）方法：讲授法 （2）重点与难点：药品包装的技术要求	1
			2）药品包装的技术要求		

续表

模块	课程	学习单元	课程内容	培训建议	课堂学时
4．药物基础知识	4-5 药品包装与标志	（2）药品包装的类别、材料及容器	1）药品包装的类别 2）药品常用的包装材料 3）药品常用的包装容器	（1）方法：讲授法 （2）重点与难点：药品常用的包装容器	1
		（3）药品包装上的标志	1）药品标签 2）注册商标 3）条形码 4）批准文号 5）药品批号 6）药品的有效期和失效期 7）专有标志 8）指示性警告性标识	（1）方法：讲授法、实训（练习）法 （2）重点与难点：药品专有标志	1
		（4）药品说明书	药品说明书的主要内容	（1）方法：讲授法、实训（练习）法 （2）重点与难点：药品说明书的主要内容	1
5．安全知识	5-1 防火基础知识	防火基础知识	1）引起火灾的原因 ①引起不同类型火灾的原因 <1>人为思想麻痹、操作不当原因 <2>物质的、生物的、化学的作用 <3>纵火 ②引起仓库火灾的大致原因 <1>违章用火 <2>违章用电 <3>违章作业 <4>化学危险品混存 <5>自燃 <6>雷击和静电 <7>纵火	（1）方法：讲授法、案例教学法	1

续表

模块	课程	学习单元	课程内容	培训建议	课堂学时
5．安全知识	5-1 防火基础知识	防火基础知识	2）灭火知识 ①燃烧的条件和种类 ②灭火的方法 <1> 冷却灭火法 <2> 窒息灭火法 <3> 隔离灭火法 <4> 抑制灭火法 ③灭火剂 <1> 水 <2> 化学泡沫 <3> 二氧化碳 <4> 干粉 <5> 卤代烷灭火剂 <6> 沙土 <7> 水蒸气 ④固定消防设施 <1> 消火栓 <2> 消防水带和水枪 <3> 消防水泵结合器 <4> 自动报警和自动灭火设施	（2）重点与难点：灭火的方法与防火措施	
			3）防火工作的基本措施 ①认真贯彻执行消防安全规定 ②开展消防教育 ③开展消防安全检查 ④做好灭火准备 ⑤及时清除安全隐患 ⑥加强对火源、电源的管理		
	5-2 安全用电知识	安全用电知识	1）安全用电注意事项	（1）方法：讲授法、案例教学法 （2）重点与难点：现场急救方法	1
			2）发生触电时现场急救方法		
			3）电气防火常识 ①电气火灾的原因 ②电气火灾的预防		
课堂学时合计					50

2.2.2 五级/初级职业技能培训课程规范

模块	课程	学习单元	课程内容	培训建议	课堂学时
1. 顾客服务	1-1 接待顾客	（1）接待礼仪	1）个人礼仪 ①仪容 ②仪表 ③仪态 ④其他注意事项 2）商务礼仪 ①着装礼仪 ②药事服务礼仪 ③商务谈判礼仪 3）交谈礼仪 ①目光 ②微笑 ③交际距离 ④面谈	（1）方法：讲授法、角色扮演法 （2）重点与难点：交谈礼仪	6
		（2）接待基本技巧	1）常用服务用语 2）服务语言禁忌 3）不同类型顾客的接待方法 4）接待顾客的时机 5）同时接待多个顾客的方法 6）顾客接待中常见情况的处理	（1）方法：讲授法、观摩法、角色扮演法 （2）不同类型顾客的接待方法和常见情况的处理	6
	1-2 提供服务	（1）医药商业服务	1）医药商业服务的基本步骤 ①观察顾客 ②初步接触 ③询问病情 ④展示药品 ⑤揣摩顾客需求 ⑥推介药品 ⑦劝说引导 ⑧抓住销售要点 ⑨成交结算 ⑩包装送客	（1）方法：讲授法、观摩法、角色扮演法	4

续表

模块	课程	学习单元	课程内容	培训建议	课堂学时
1.顾客服务	1-2 提供服务	(1) 医药商业服务	2) 医药商业服务的基本形式 ①简单增值服务 ②健康信息服务 ③物流延伸服务 ④社区关怀服务 ⑤慢病服务 ⑥送药上门服务 ⑦药学服务 ⑧会员制服务 3) 医药商业服务的注意事项 ①负责到底 ②换位思考 ③告别消极 ④给顾客时间 ⑤给顾客空间 ⑥善待投诉 ⑦避免绝对化 ⑧常怀感恩 4) 药品零售企业服务规范 ①药品零售企业售前、售中服务规范 ②医药零售企业售后服务规范 5) 药品批发企业服务规范 ①医药批发企业在销售前应做到的服务 ②医药批发企业在销售中应做到的服务 ③医药批发企业的服务措施	(2) 重点与难点：医药企业服务的基本步骤和服务规范	
		(2) 包装知识	1) 包装材料 2) 包装功能 3) 包装类型 ①常规包装 ②礼品包装 4) 包装的注意事项	(1) 方法：讲授法、观摩法 (2) 重点与难点：包装类型	4

续表

模块	课程	学习单元	课程内容	培训建议	课堂学时
2.药品介绍	2-1 处方药与非处方药	(1) 处方药与非处方药的分类管理	1) 处方药的概念及管理 ①标签、说明书的管理 ②广告管理 2) 非处方药的概念及管理 ①包装 ②标签和说明书 ③警示语或忠告语 ④广告管理 ⑤非处方药专有标识管理	(1) 方法：讲授法、实训（练习）法 (2) 重点与难点：特殊管理药品与非处方药专有标识管理	2
		(2) 使用非处方药的注意事项	1) 指导顾客正确购买非处方药 ①正确判断疾病 ②明确用药禁忌及药物相互作用 2) 指导顾客正确使用非处方药 ①指导顾客按说明书准确用药 ②避免应用变质及超效期药品	(1) 方法：讲授法、情景表演法 (2) 重点：指导顾客正确使用非处方药 (3) 难点：明确用药禁忌及药物相互作用	4
	2-2 常用药物的适应证和使用方法	(1) 解热镇痛抗炎药	1) 解热镇痛抗炎药概述 ①分类及代表药 ②作用 2) 常用药物阿司匹林、对乙酰氨基酚、布洛芬、吲哚美辛、双氯芬酸、萘普生、复方氨酚烷胺、小儿氨酚黄那敏等的商品名或别名、适应证及使用方法	(1) 方法：讲授法、情景表演法 (2) 重点与难点：常用解热镇痛抗炎药的适应证和使用方法	10
		(2) 中枢神经系统用药	1) 抗帕金森病药 ①帕金森病概述及抗帕金森病药分类和代表药 ②常用药物金刚烷胺、苯海索等的商品名或别名、适应证及使用方法	(1) 方法：讲授法、情景表演法	6

续表

模块	课程	学习单元	课程内容	培训建议	课堂学时
2.药品介绍	2-2 常用药物的适应证和使用方法	（2）中枢神经系统用药	2）镇静催眠抗焦虑药 ①镇静催眠抗焦虑药概述（分类、代表药及作用特点） ②常用药物地西泮、艾司唑仑、苯巴比妥等的商品名或别名、适应证及使用方法	（2）重点与难点：常用药物的适应证和使用方法	
			3）抗精神病药 ①精神失常概述及抗精神病药分类和代表药 ②常用药物利培酮等的商品名或别名、适应证及使用方法		
			4）其他 ①中枢兴奋药分类及代表药 ②常用药物吡拉西坦、氟桂利嗪等的商品名或别名、适应证及使用方法		
		（3）抗微生物药	1）抗微生物药的基本知识 ①常见术语 ②抗生素的分类		12
			2）常用抗生素的适应证及使用方法 ①青霉素类 <1>青霉素类药物概述（分类、代表药及临床使用注意事项） <2>常用药物青霉素、氨苄西林、阿莫西林、阿莫西林-克拉维酸钾等的商品名或别名、适应证及使用方法 ②头孢菌素类 <1>四代头孢菌素类药物特点对比	（1）方法：讲授法、情景表演法	

续表

模块	课程	学习单元	课程内容	培训建议	课堂学时
2. 药品介绍	2-2 常用药物的适应证和使用方法	(3) 抗微生物药	<2> 常用药物头孢氨苄、头孢拉定、头孢噻肟等的商品名或别名、适应证及使用方法 ③氨基糖苷类 <1> 氨基糖苷类药物概述（抗菌谱、临床应用、毒性反应及代表药） <2> 常用药物庆大霉素、阿米卡星等的商品名或别名、适应证及使用方法 ④大环内酯类 <1> 大环内酯类药物概述（抗菌特点及代表药） <2> 常用药物红霉素、阿奇霉素、克拉霉素、罗红霉素、乙酰螺旋霉素等的商品名或别名、适应证及使用方法 ⑤四环素类 四环素类药物概述（抗菌谱、作用特点及代表药） ⑥酰胺醇类（也称氯霉素类） 酰胺醇类药物概述（抗菌谱、临床应用及代表药氯霉素） ⑦其他抗生素 <1> 分类及代表药 <2> 常用药物克林霉素、磷霉素等的商品名或别名、适应证及使用方法	(2) 重点与难点：常用药物的适应证和使用方法	
			3) 合成抗菌药的适应证及使用方法 ①磺胺类抗菌药 <1> 磺胺类抗菌药概述（作用特点、临床应用、分类及代表药） <2> 常用药物复方磺胺甲噁唑等的商品名或别名、适应证及使用方法		

续表

模块	课程	学习单元	课程内容	培训建议	课堂学时
2.药品介绍	2-2 常用药物的适应证和使用方法	（3）抗微生物药	②喹诺酮类抗菌药 <1>喹诺酮类抗菌药概述（抗菌谱、临床应用及代表药） <2>常用药物诺氟沙星、环丙沙星、氧氟沙星、左氧氟沙星等的商品名或别名、适应证及使用方法 ③硝基咪唑类和硝基呋喃类 <1>硝基咪唑类药物临床应用及代表药 <2>硝基呋喃类药物临床应用及代表药		
			4）抗结核病药的适应证及使用方法 ①结核病概述及抗结核病药分类和代表药 ②常用药物异烟肼、利福平、吡嗪酰胺等的商品名或别名、适应证及使用方法		
			5）抗真菌药的适应证及使用方法 ①真菌感染概述及抗真菌药分类和代表药 ②常用药物氟康唑等的商品名或别名、适应证及使用方法		
			6）抗病毒药的适应证及使用方法 ①病毒（感染）概述及抗病毒药分类和代表药 ②常用药物阿昔洛韦、利巴韦林等的商品名或别名、适应证及使用方法		

续表

模块	课程	学习单元	课程内容	培训建议	课堂学时
2. 药品介绍	2-2 常用药物的适应证和使用方法	（4）消化系统用药	1) 抗消化性溃疡药 ①消化性溃疡与抗消化性溃疡药概述（分类、作用机理及代表药） ②常见抗消化性溃疡药适应证及使用方法 <1>抗酸药：复方氢氧化铝等的商品名或别名、适应证及使用方法 <2>抑制胃酸分泌药：西咪替丁、雷尼替丁、奥美拉唑等的商品名或别名、适应证及使用方法 <3>黏膜保护药：枸橼酸铋钾等的商品名或别名、适应证及使用方法 2) 胃肠解痉药及胃动力药 ①胃肠痉挛及胃动力异常概述、解痉药及胃动力药分类与代表药 ②常用药物多潘立酮、甲氧氯普胺等的商品名或别名、适应证及使用方法 3) 助消化药 常用药物乳酶生、多酶片等的商品名或别名、适应证及使用方法 4) 泻药和止泻药 ①泻药和止泻药概述（分类、作用及代表药） ②常用药物乳果糖、蒙脱石、小檗碱等的商品名或别名、适应证及使用方法 5) 肝胆疾病辅助用药 肝胆疾病辅助用药概述（分类、临床应用及代表药）	（1）方法：讲授法、情景表演法 （2）重点与难点：常用药物的适应证和使用方法	10

续表

模块	课程	学习单元	课程内容	培训建议	课堂学时
2.药品介绍	2-2 常用药物的适应证和使用方法	（5）呼吸系统用药	1）镇咳药 ①镇咳药概述（分类、作用部位及代表药） ②常用药物喷托维林等的商品名或别名、适应证及使用方法 2）祛痰药 ①祛痰药概述（分类及代表药） ②常用药物氨溴索、羧甲司坦、溴已新等的商品名或别名、适应证及使用方法 3）平喘药 ①平喘药概述（分类、作用机理及代表药） ②常用药物氨茶碱、沙丁胺醇等的商品名或别名、适应证及使用方法	（1）方法：讲授法、情景表演法 （2）重点与难点：常用药物的适应证和使用方法	10
		（6）心血管系统用药	1）抗心力衰竭药 常用药物地高辛等的商品名或别名、适应证及使用方法 2）抗心绞痛药 ①抗心绞痛药分类及代表药 ②常用药物硝酸甘油、硝苯地平等的商品名或别名、适应证及使用方法 3）抗心律失常药 ①抗心律失常药分类及代表药 ②常用药物普萘洛尔等的商品名或别名、适应证及使用方法	（1）方法：讲授法、情景表演法	10

续表

模块	课程	学习单元	课程内容	培训建议	课堂学时
2. 药品介绍	2-2 常用药物的适应证和使用方法	（6）心血管系统用药	4）抗高血压药 ①高血压概述及抗高血压药的分类 ②常用药物卡托普利、缬沙坦、苯磺酸氨氯地平、尼群地平、吲达帕胺、氯沙坦钾氢氯噻嗪、缬沙坦氢氯噻嗪片等的商品名或别名、适应证及使用方法	（2）重点与难点：常用药物的适应证和使用方法	
			5）降血脂药 ①高血脂症概述及降血脂药的分类和代表药 ②常用药物辛伐他汀等的商品名或别名、适应证及使用方法		
		（7）内分泌系统用药	1）口服降糖药分类及代表药	（1）方法：讲授法、情景表演法 （2）重点与难点：常用药物的适应证和使用方法	10
			2）常用药物二甲双胍、格列本脲、阿卡波糖等的商品名或别名、适应证及使用方法		
		（8）泌尿系统用药	1）利尿剂 ①利尿剂概述（分类、临床应用及代表药） ②常用药物氢氯噻嗪等的商品名或别名、适应证及使用方法	（1）方法：讲授法、情景表演法 （2）重点与难点：常用药物的适应证和使用方法	10
			2）良性前列腺增生用药 良性前列腺增生的表现及常用代表药		
		（9）抗过敏药	1）过敏反应概述及三代抗过敏药主要特点和代表药	（1）方法：讲授法、情景表演法 （2）重点与难点：常用药物的适应证和使用方法	2
			2）常用抗过敏药氯苯那敏、氯雷他定等的商品名或别名、适应证及使用方法		

续表

模块	课程	学习单元	课程内容	培训建议	课堂学时
2. 药品介绍	2-2 常用药物的适应证和使用方法	(10) 皮肤科及眼科用药	1) 皮肤科用药 ①皮肤病及常见外用治疗药概述 ②常用药物克霉唑、酮康唑、氢化可的松软膏、醋酸地塞米松软膏等的商品名或别名、适应证及使用方法 2) 眼科用药 ①眼科用药分类及代表药 ②常用药物氯霉素滴眼液、毛果芸香碱等的商品名或别名、适应证及使用方法	(1) 方法：讲授法、情景表演法 (2) 重点与难点：常用药物的适应证和使用方法	6
		(11) 其他类	1) 血液系统用药 ①血液系统用药的分类及代表药 ②常用药物硫酸亚铁、维生素 B_{12}、叶酸、维生素 K_1、氨甲苯酸、肝素、尿激酶、双嘧达莫等的商品名或别名、适应证及使用方法 2) 维生素类药 ①维生素的分类 ②常用药物维生素 C、维生素 D_3、维生素 AD、维生素 E 等的商品名或别名、适应证及使用方法 3) 抗寄生虫类药 ①抗疟药 <1> 抗疟药分类及代表药 <2> 常用药物氯喹、青蒿素、双氢青蒿素、伯氨喹等的商品名或别名、适应证及使用方法 ②抗阿米巴病药 常用药物甲硝唑、替硝唑等的商品名或别名、适应证及使用方法	(1) 方法：讲授法、情景表演法 (2) 重点与难点：常用药物的适应证和使用方法	6

续表

模块	课程	学习单元	课程内容	培训建议	课堂学时
2.药品介绍	2-2 常用药物的适应证和使用方法	(11) 其他类	③驱肠虫药 常用药物阿苯达唑等的商品名或别名、适应证及使用方法		
	2-3 药物的合理使用	(1) 合理用药	1) 药物选择的基本准则 ①安全性 ②有效性 ③经济性 ④适当性 2) 医药商品购销员在合理用药中的作用 3) 特殊人群用药 ①老年人用药 ②儿童用药 ③妊娠期、哺乳期和月经期妇女用药 ④驾驶、操纵机器和高空作业者用药 ⑤肝功能不全的病人用药 ⑥肾功能不全的病人用药	(1) 方法：讲授法、案例教学法 (2) 重点与难点：特殊人群用药	6
		(2) 滥用药物的危害	1) 抗生素不合理应用的危害 2) 解热镇痛抗炎药不合理应用的危害 3) 中药不合理应用的危害 4) 激素不合理应用的危害	(1) 方法：讲授法、案例教学法 (2) 重点与难点：抗生素不合理应用的危害	4
		(3) 合理使用抗菌药物	1) 明确诊断，合理选药 2) 根据患者的生理病理情况合理用药 3) 必须严格控制预防性用药 4) 尽量避免局部用药 5) 合理联合用药	(1) 方法：讲授法、案例教学法 (2) 重点与难点：抗菌药物的合理联合用药	4

续表

模块	课程	学习单元	课程内容	培训建议	课堂学时
3.药品销售	3-1 销售准备	（1）环境要求和环境准备	1）环境要求	（1）方法：讲授法、演示法、实训（练习）法 （2）重点与难点：环境的各项要求	2
			2）环境准备		
		（2）物资准备	物资准备	（1）方法：讲授法、演示法、实训（练习）法 （2）重点与难点：物资准备的各项要求	2
		（3）人员准备	1）人员的业务准备 ①熟悉疾病相关知识 ②熟悉所售药品的知识 ③做好卖场设计 ④搞好货架责任区 ⑤做好药品检验	（1）方法：讲授法、参观法、角色扮演法 （2）重点与难点：人员的各项业务准备工作	4
			2）人员登记 ①人员档案齐全 ②人员档案内容翔实 ③人员花名册与档案内容保持一致 ④人员资质与岗位相称 ⑤人员资质符合《药品经营质量管理规范》GSP要求 ⑥填写药品从业人员基本情况登记表		
	3-2 销售实施	（1）药品销售	1）顾客购买的心理变化 ①注意 ②兴趣 ③联想 ④欲望 ⑤比较 ⑥决定 ⑦行动 ⑧满足	（1）方法：讲授法、案例教学法、角色扮演法	4

续表

模块	课程	学习单元	课程内容	培训建议	课堂学时
3. 药品销售	3-2 销售实施	（1）药品销售	2）药品销售的过程 ①迎接顾客 ②询问顾客 ③用心倾听 ④把握销售要点 ⑤识别购买信号 ⑥促进成交 ⑦包装送客 ⑧整理柜台和环境	（2）重点与难点：药品销售流程	
		（2）票据填制	1）票据的分类 ①购进票据 ②销售票据 ③发货传递票据 2）票据填制要求	（1）方法：讲授法、演示法、实训（练习）法 （2）重点与难点：票据填制要求	4
		（3）销售结算	1）药品进销存日报表的概念 2）药品进销存日报表的作用 3）填写进销存日报表的要求	（1）方法：讲授法、演示法、实训（练习）法 （2）重点与难点：填写进销存日报表的要求	4
	3-3 销售记录与售后管理	（1）药品销售记录	1）销售记录要求 ①内容由各岗人员如实填写 ②字迹清楚，内容完整 ③记录不得撕毁涂改 ④真实性、规范性、可追溯性 ⑤实行计算机录入数据、工号确认签名 2）销售记录分类及要求 ①处方药销售记录 ②拆零药品记录 ③中药饮片销售记录 ④国家特殊管理要求的药品销售记录 3）销售记录管理	（1）方法：讲授法、演示法、实训（练习）法 （2）重点与难点：按要求填写各类药品销售记录	10

续表

模块	课程	学习单元	课程内容	培训建议	课堂学时
3. 药品销售	3-3 销售记录与售后管理	(2) 售后服务	1）顾客访问 2）药品不良反应监测要求及操作 3）药品召回 ①召回分级 ②召回工作开展 4）顾客投诉 ①顾客投诉的概念 ②顾客投诉的类型 ③顾客投诉的意义	(1) 方法：讲授法、案例教学法、实物示教法 (2) 重点与难点：填写药品不良反应/事件报告表	6
4. 药品陈列与保管	4-1 药品分类陈列	(1) 药品的配置	1）药品配备的依据 ①位置商圈 ②目标消费群体 ③经营规模 2）药品放置要求	(1) 方法：讲授法、演示法、实训（练习）法 (2) 重点与难点：药品放置要求	4
		(2) 药品的陈列	1）药品陈列的原则 2）药品陈列的形式 3）药品陈列的技巧 4）药品陈列的分类	(1) 方法：讲授法、演示法、实训（练习）法 (2) 重点与难点：药品陈列的技巧	16
	4-2 药品的保管与养护	(1) 影响药品质量的因素	1）影响药品质量的内在因素 2）影响药品质量的外在因素	(1) 方法：讲授法、演示法、实训（练习）法 (2) 重点与难点：影响药品质量的因素	4
		(2) 化学制剂（西药）的养护	1）药品分类存放 2）光敏性药品养护要求 3）易潮解和吸湿药品的养护要求 4）易燃、易爆药品养护要求 5）麻醉药品和一类精神药品养护要求	(1) 方法：讲授法、演示法、实训（练习）法	6

续表

模块	课程	学习单元	课程内容	培训建议	课堂学时
4．药品陈列与保管	4-2 药品的保管与养护	（2）化学制剂（西药）的养护	6）医疗用毒性药品养护	（2）重点与难点：药品分类存放	
			7）效期药品的保管		
			8）退货和不合格药品的保管		
		（3）中成药的养护	1）根据原料和剂型保管	（1）方法：讲授法、演示法、实训（练习）法 （2）重点与难点：中成药的养护	4
			2）根据变质类型保管		
		（4）常见易变质剂型的养护	1）性质不稳定药品的保管原则	（1）方法：讲授法、演示法、实训（练习）法 （2）重点与难点：常见易变质剂型的养护	2
			2）常见易变质药品剂型的储存养护		
		（5）药品养护的基本要求	1）药品养护的原则	（1）方法：讲授法、演示法、实训（练习）法 （2）重点与难点：重点品种养护	2
			2）药品养护工作内容		
			3）重点品种养护		
			4）特殊管理药品的保管方法		
			5）填写养护记录		
		（6）温湿度自动监测系统	1）温湿度监测系统组成	（1）方法：讲授法、演示法、实训（练习）法 （2）重点与难点：温湿度监测系统组成及功能要求	4
			2）温湿度记录频率及报警		
			3）测点的安装		
			4）温湿度记录的生成及项目		
			5）温湿度系统验证		
			课堂学时合计		210

2.2.3 四级／中级职业技能培训课程规范

模块	课程	学习单元	课程内容	培训建议	课堂学时
1. 顾客服务	1-1 接待顾客咨询	（1）咨询接待	1）顾客查询的内容 ①疾病用药查询 ②医药商品质量咨询 ③购销业务查询 2）顾客咨询的基本类型 ①现场咨询 ②来电咨询 ③网络咨询 3）接待顾客咨询的意义 ①树立企业品牌形象 ②提高企业竞争力 ③提高购销员素质 ④延伸医药商品的价值 4）接待顾客咨询的技巧 ①根据顾客心理区别对待 ②处理异议 ③努力成交	（1）方法：讲授法、演示法、实训（练习）法 （2）重点与难点：接待顾客咨询的技巧	1
		（2）咨询查询程序及记录	1）登记台账 2）处理流程 ①倾听顾客咨询 ②重复顾客咨询问题的大致内容 ③尊重顾客的意见 ④回答问题要抓住重点 ⑤圆满处理顾客异议 3）记录	（1）方法：讲授法、演示法、实训（练习）法 （2）重点与难点：顾客异议处理流程	1
	1-2 处理顾客投诉	（1）顾客投诉的类型	1）医药商品投诉 ①商品质量问题 ②商品价格问题 ③商品不齐全 ④商品陈列位置不当 ⑤药品不良反应 2）服务投诉 ①服务态度问题 ②专业服务问题	（1）方法：讲授法、案例教学法、角色扮演法	1

续表

模块	课程	学习单元	课程内容	培训建议	课堂学时
1. 顾客服务	1-2 处理顾客投诉	（1）顾客投诉的类型	③便民服务问题 ④促销服务问题 ⑤会员服务问题 ⑥售后服务不当 3）环境安全性投诉	（2）重点与难点：顾客投诉的不同类型	
		（2）顾客投诉处理的原则和步骤	1）顾客投诉处理的基本原则 ①独立性原则 ②及时准确原则 ③客观真实性原则 ④协调合理性原则 2）顾客投诉处理的步骤 ①顾客现场投诉处理流程 ②顾客电话投诉处理流程 3）顾客投诉处理过程中的注意事项	（1）方法：讲授法、演示法、观摩法 （2）重点与难点：顾客投诉处理的步骤	1
		（3）接受顾客投诉时的交谈原则	1）处理投诉的规范用语和禁语 2）接受顾客投诉时的交谈原则	（1）方法：讲授法、演示法、实训（练习）法 （2）重点与难点：接受顾客投诉时的交谈原则	1
		（4）处理顾客投诉的技巧	1）从倾听开始 2）认同顾客的感受 3）表示愿意提供帮助 4）针对不同顾客，解决问题 ①为顾客提供选择 ②诚实向顾客承诺 ③适当给顾客补偿	（1）方法：讲授法、演示法、角色扮演法 （2）重点与难点：处理顾客投诉的技巧	1
		（5）退换货处理原则与服务标准	1）退换货处理原则 2）退换货服务标准 ①标准用语 ②服务要领	（1）方法：讲授法、观摩法、角色扮演法 （2）重点与难点：退换货服务标准	1

续表

模块	课程	学习单元	课程内容	培训建议	课堂学时
1. 顾客服务	1-2 处理顾客投诉	(6) 退换货工作流程	1) 零售企业的退换货流程和注意事项 2) 批发企业退换货流程和注意事项	(1) 方法：讲授法、演示法 (2) 重点与难点：退换货工作流程内容	1
2. 药品介绍	2-1 常见病基础知识	(1) 感冒	1) 流行性感冒 ①临床表现：单纯型流感、肺炎型流感、中毒型流感、胃肠型流感 ②诊断与鉴别：血常规检查、与普通感冒区分的鉴别、与流行性脑脊髓膜炎区分的鉴别、与其他疾病区分的鉴别 ③治疗原则：一般治疗、抗病毒药物治疗 2) 普通感冒 ①临床表现：鼻部症状、全身症状、咽喉症状 ②诊断与鉴别：血常规检查、与过敏性鼻炎区分的鉴别、与流行性感冒区分的鉴别、与其他急性传染疾病区分的鉴别 ③治疗原则：一般治疗、对症治疗、诱因治疗、中药治疗	(1) 方法：讲授法、案例教学法、情景表演法 (2) 重点与难点：感冒的分型、鉴别诊断及合理药物推荐	3
		(2) 胃炎	1) 急性单纯性胃炎 ①临床表现 ②诊断与鉴别：血常规及大便常规检查、与其他疾病区分的鉴别 ③治疗原则：一般治疗、对症治疗、抗感染治疗 2) 急性糜烂性胃炎 ①临床表现 ②诊断与鉴别 ③治疗原则：一般治疗、药物治疗	(1) 方法：讲授法、案例教学法、情景表演法	3

续表

模块	课程	学习单元	课程内容	培训建议	课堂学时
2.药品介绍	2-1 常见病基础知识	(2) 胃炎	3) 慢性胃炎 ①临床表现 ②诊断与鉴别 ③治疗原则：一般治疗、对症治疗	(2) 重点与难点：胃炎的分型、鉴别诊断及合理药物推荐	
		(3) 尿路感染	1) 急性肾盂肾炎 ①临床表现 ②诊断与鉴别 ③治疗原则：一般治疗、抗菌药物治疗	(1) 方法：讲授法、案例教学法、情景表演法 (2) 重点与难点：尿路感染的分型、鉴别诊断及合理药物推荐	3
			2) 急性膀胱炎 ①临床表现 ②诊断与鉴别 ③治疗原则：一般治疗、对症治疗、抗菌治疗		
		(4) 支气管炎	1) 急性支气管炎 ①临床表现 ②诊断与鉴别 ③治疗原则：一般治疗、对症治疗	(1) 方法：讲授法、案例教学法、情景表演法 (2) 重点与难点：支气管炎的分型、鉴别诊断及合理药物推荐	3
			2) 慢性支气管炎 ①临床表现 ②诊断与鉴别 ③治疗原则：一般治疗、急性发作期及慢性迁徙期的治疗		
		(5) 大叶性肺炎	1) 临床表现：病原菌、诱因、疾病症状、体征		3
			2) 诊断与鉴别 ①诊断 ②与其他疾病区分的鉴别	(1) 方法：讲授法、案例教学法、情景表演法 (2) 重点与难点：大叶性肺炎的诊断及合理药物推荐	
			3) 治疗原则 ①一般治疗 ②对症治疗 ③抗菌药物治疗		

续表

模块	课程	学习单元	课程内容	培训建议	课堂学时
2. 药品介绍	2-1 常见病基础知识	（6）过敏性鼻炎	1）临床表现：并发症、诱因、过敏性鼻炎常见的四大症状 2）诊断与鉴别 ①诊断 ②与其他疾病区分的鉴别 3）治疗原则 ①一般治疗 ②药物治疗 ③其他治疗	（1）方法：讲授法、案例教学法、情景表演法 （2）重点与难点：过敏性鼻炎的诊断及合理药物推荐	3
		（7）消化不良	1）临床表现：疾病症状、并发症 2）诊断与鉴别 ①诊断 ②与其他疾病区分的鉴别 3）治疗原则 ①一般治疗 ②药物治疗	（1）方法：讲授法、案例教学法、情景表演法 （2）重点与难点：消化不良的诊断及合理药物推荐	3
		（8）支气管哮喘	1）临床表现：疾病症状、体征 2）诊断与鉴别 ①诊断 ②与其他疾病区分的鉴别 3）治疗原则 ①一般治疗 ②药物治疗	（1）方法：讲授法、案例教学法、情景表演法 （2）重点与难点：支气管哮喘的诊断及合理药物推荐	3
	2-2 常见药品的作用、用途、不良反应及注意事项	（1）抗微生物与寄生虫用药	1）青霉素类药物 ①常见代表药物：青霉素、氨苄西林、阿莫西林、阿莫西林-克拉维酸钾 ②青霉素的药理作用、临床应用、不良反应、注意事项及药物相互作用	（1）方法：讲授法、情景表演法	8

续表

模块	课程	学习单元	课程内容	培训建议	课堂学时
2. 药品介绍	2-2 常见药品的作用、用途、不良反应及注意事项	（1）抗微生物与寄生虫用药	2）头孢菌素类药物 ①四代头孢菌素类药物各自的特点（抗菌谱、对β-内酰胺酶稳定性、肾毒性） ②常见代表药物：第一代：头孢氨苄、头孢拉定；第三代：头孢噻肟	（2）重点与难点：常见代表药物的不良反应与注意事项	
			3）氨基糖苷类药物 ①氨基糖苷类药物概述（抗菌谱、毒性反应） ②常见代表药物：庆大霉素、阿米卡星 ③庆大霉素的药理作用、临床应用、不良反应、注意事项及药物相互作用		
			4）大环内酯类药物 ①大环内酯类药物概述（抗菌谱、临床用途、主要不良反应） ②常见代表药物：红霉素、阿奇霉素、克拉霉素、罗红霉素、乙酰螺旋霉素 ③红霉素的药理作用、临床应用、不良反应、注意事项及药物相互作用		
			5）其他抗生素 ①常见分类及代表药：多肽类的万古霉素、去甲万古霉素、多黏菌素，林可霉素类的克林霉素、林可霉素，其他类的磷霉素 ②克林霉素的药理作用、临床应用、不良反应、注意事项及药物相互作用		
			6）磺胺类药物 ①磺胺类药物概述（分类、临床用途、主要不良反应） ②常见代表药物：复方磺胺甲噁唑		

续表

模块	课程	学习单元	课程内容	培训建议	课堂学时
2. 药品介绍	2-2 常见药品的作用、用途、不良反应及注意事项	（1）抗微生物与寄生虫用药	7）喹诺酮类药物 ①喹诺酮类药物概述（抗菌谱、临床用途、常见不良反应） ②常见代表药物：诺氟沙星、环丙沙星、氧氟沙星、左氧氟沙星		
			8）抗结核病药 ①抗结核病药概述（一线药物品种、常见不良反应、临床应用原则及注意事项） ②异烟肼、利福平的药理作用、临床应用、不良反应、注意事项及药物相互作用		
			9）抗真菌药 ①抗真菌药概述（临床用途、毒性） ②常见代表药物：氟康唑		
			10）抗病毒药 ①抗病毒药概述（分类、常见不良反应） ②常见代表药物：阿昔洛韦、利巴韦林 ③阿昔洛韦的药理作用、临床应用、不良反应、注意事项及药物相互作用		
			11）抗寄生虫病药 ①抗疟药分类及代表药物（氯喹、青蒿素及其衍生物、伯氨喹） ②抗阿米巴病药代表药物：甲硝唑、替硝唑 ③驱肠虫药代表药物：阿苯达唑、左旋咪唑、哌嗪		

续表

模块	课程	学习单元	课程内容	培训建议	课堂学时
2. 药品介绍	2-2 常见药品的作用、用途、不良反应及注意事项	(2) 解热镇痛抗炎药	1) 解热镇痛抗炎药的种类及作用特点 2) 常见解热镇痛抗炎药代表药物：阿司匹林、对乙酰氨基酚、布洛芬、吲哚美辛、双氯芬酸、萘普生、复方氨酚烷胺、小儿氨酚黄那敏 3) 阿司匹林、复方氨酚烷胺的药理作用、临床应用、不良反应、注意事项及药物相互作用	(1) 方法：讲授法、情景表演法 (2) 重点与难点：常见代表药物的不良反应与注意事项	6
		(3) 神经系统及精神障碍用药	1) 抗帕金森病药 ①抗帕金森病药分类 ②常见代表药物：金刚烷胺、苯海索 ③金刚烷胺的药理作用、临床应用、不良反应、注意事项及药物相互作用 2) 镇静催眠药 ①镇静催眠药概述（分类、作用、常见不良反应） ②地西泮的药理作用、临床应用、不良反应、注意事项及药物相互作用 3) 治疗精神障碍药 ①抗精神病药的分类、代表药、作用特点 ②抗焦虑药的分类、代表药、常见不良反应及注意事项 ③抗抑郁药的分类、代表药、常见不良反应及注意事项 4) 其他 吡拉西坦、氟桂利嗪的作用、用途及不良反应	(1) 方法：讲授法、情景表演法 (2) 重点与难点：常见代表药物的不良反应与注意事项	6

续表

模块	课程	学习单元	课程内容	培训建议	课堂学时
2. 药品介绍	2-2 常见药品的作用、用途、不良反应及注意事项	(4) 心血管系统用药	1) 抗心绞痛药 ①抗心绞痛药的分类及代表药 ②常见代表药物：硝酸甘油、硝苯地平 ③硝酸甘油的药理作用、临床应用、不良反应、注意事项及药物相互作用 2) 抗心律失常药 ①抗心律失常药的分类、各类别代表药及用途 ②抗心律失常药的严重不良反应及注意事项 3) 抗心力衰竭药 ①抗心力衰竭药分类 ②强心苷类常用代表药、主要不良反应及注意事项 4) 抗高血压药 ①抗高血压药分类 ②常见代表药物：卡托普利、尼群地平、吲达帕胺、缬沙坦 ③卡托普利的药理作用、临床应用、不良反应、注意事项及药物相互作用 5) 调脂及抗动脉粥样硬化药 ①调血脂药分类 ②辛伐他汀的药理作用、临床应用、不良反应、注意事项及药物相互作用	(1) 方法：讲授法、情景表演法 (2) 重点与难点：常见代表药物的不良反应与注意事项	6
		(5) 呼吸系统用药	1) 镇咳药 ①镇咳药的分类及代表药 ②常见代表药物：喷托维林 2) 祛痰药 ①祛痰药的分类及代表药 ②常见代表药物：溴己新、氨溴索、羧甲司坦	(1) 方法：讲授法、情景表演法	6

续表

模块	课程	学习单元	课程内容	培训建议	课堂学时
2. 药品介绍	2-2 常见药品的作用、用途、不良反应及注意事项	(5) 呼吸系统用药	3) 平喘药 ①平喘药的分类 ②常见代表药物：沙丁胺醇、氨茶碱	(2) 重点与难点：常见代表药物的不良反应与注意事项	
		(6) 消化系统用药	1) 抗消化性溃疡药 ①抗消化性溃疡药的分类 ②常见代表药物：复方氢氧化铝、西咪替丁、雷尼替丁、奥美拉唑 ③复方氢氧化铝、西咪替丁的药理作用、临床应用、不良反应、注意事项及药物相互作用 2) 助消化药 常见代表药物：乳酶生、多酶片 3) 胃肠解痉药及胃动力药 ①胃肠解痉药及胃动力药分类 ②常见代表药物：多潘立酮、甲氧氯普胺 4) 泻药及止泻药 ①泻药及止泻药的分类 ②常见泻药代表药物乳果糖，常见止泻药代表药物蒙脱石 5) 其他 小檗碱的用途、不良反应及注意事项	(1) 方法：讲授法、情景表演法 (2) 重点与难点：常见代表药物的不良反应与注意事项	8
		(7) 泌尿系统用药	1) 利尿药概述（分类、作用部位、作用强度、常见代表药物） 2) 氢氯噻嗪的药理作用、临床应用、不良反应、注意事项及药物相互作用	(1) 方法：讲授法、情景表演法 (2) 重点与难点：常见代表药物的不良反应与注意事项	8

续表

模块	课程	学习单元	课程内容	培训建议	课堂学时
2.药品介绍	2-2 常见药品的作用、用途、不良反应及注意事项	(8) 血液系统用药	1) 抗贫血药 ①贫血类型及对应抗贫血药 ②常见代表药物：硫酸亚铁、维生素 B_{12}、叶酸 2) 抗血小板药 抗血小板药分类、代表药、用途及不良反应 3) 促凝血药 常见代表药物：维生素 K_1、氨甲苯酸 4) 抗凝血药及溶栓药 常见代表药物：肝素、尿激酶	(1) 方法：讲授法、情景表演法 (2) 重点与难点：常见代表药物的不良反应与注意事项	6
		(9) 内分泌系统用药	1) 常见内分泌系统用药 ①口服降血糖药的分类 ②甲亢、甲减常用药物 2) 二甲双胍、格列本脲、阿卡波糖、左甲状腺素钠、甲巯咪唑等的药理作用、临床用途、常见不良反应及注意事项	(1) 方法：讲授法、情景表演法 (2) 重点与难点：常见代表药物的不良反应与注意事项	6
		(10) 其他	1) 抗变态反应药 ①抗变态反应药概述（分类、作用特点、代表药、临床应用注意事项） ②常见代表药物：氯苯那敏、氯雷他定等 2) 维生素类药物 常见代表药物：维生素 C、维生素 D_3、维生素 AD、维生素 E 等 3) 皮肤科用药 ①常见代表药物：克霉唑、酮康唑、地塞米松、氢化可的松等 ②地塞米松的药理作用、临床应用、不良反应及注意事项	(1) 方法：讲授法、情景表演法	8

续表

模块	课程	学习单元	课程内容	培训建议	课堂学时
2．药品介绍	2-2 常见药品的作用、用途、不良反应及注意事项	（10）其他	4）眼科用药 ①抗感染药概述（常见代表药、主要不良反应、用药注意事项） ②青光眼用药概述（分类及代表药、主要不良反应、用药注意事项）	（2）重点与难点：常见代表药物的不良反应与注意事项	
	2-3 处方及处方调配	（1）处方的含义与分类	1）处方的含义 ①处方的定义 ②处方的法律性、技术性和经济性的意义	（1）方法：讲授法、实训（练习）法 （2）重点与难点：处方的类别	2
			2）处方的分类 ①按处方性质分类 ②根据药事管理法规分类（特殊管理药品处方、普通药品处方） ③各种药品处方颜色与标注		
		（2）处方的结构与规则	1）处方的结构 ①处方的三个组成部分 ②处方各部分包含的内容	（1）方法：讲授法、实训（练习）法 （2）重点与难点：处方书写要求	2
			2）处方的规则 ①处方制度 ②处方书写要求		
		（3）处方用语	1）处方常用缩写词	（1）方法：讲授法、实训（练习）法 （2）重点与难点：处方常用缩写词	2
			2）常用剂型缩写词		
		（4）处方审核与调配	1）处方审核与调配的程序	（1）方法：讲授法、实训（练习）法 （2）重点与难点：处方审核	2
			2）处方审核与调配的注意事项		
3．药品购销	3-1 购进药品	（1）首营审核	1）首营概述 ①首营企业、首营品种定义 ②首营企业、首营品种质量审核的作用	（1）方法：讲授法、演示法、实训（练习）法	6

续表

模块	课程	学习单元	课程内容	培训建议	课堂学时
3.药品购销	3-1 购进药品	(1) 首营审核	2) 首营企业资料审核的内容 ①许可证 ②营业执照 ③相关印章、随货同行单（票）样式 ④开户户名、开户银行及账号 ⑤销售人员身份证复印件 ⑥销售人员的授权书 3) 首营企业审核程序 ①采购员索取材料 ②填写"首营企业审批表" ③合法性审核审批 ④建立合格供货方档案 4) 首营品种审核的内容 ①国产首营药品审核内容 ②进口首营药品审核内容 ③进口分装首营药品审核内容 ④进口中药材审核内容 5) 首营品种审核程序 ①采购员索取材料 ②填写"首营品种审批表" ③合法性审核审批 ④建立药品质量档案	(2) 重点与难点：首营企业资料审核的内容	
		(2) 编制采购计划	1) 采购品种的类型 ①普药 ②新药 ③国家基本药物 ④首营品种 ⑤进口药品 ⑥特殊管理药品 ⑦中药饮片	(1) 方法：讲授法、演示法、模拟练习法	4

续表

模块	课程	学习单元	课程内容	培训建议	课堂学时
3．药品购销	3-1 购进药品	（2）编制采购计划	2）药品采购类型 ①直接采购 ②首次采购 ③集中招标采购 ④代销	（2）重点与难点：采购计划编制的依据	
			3）影响药品采购的因素 ①药品质量 ②供货企业质量保证能力 ③供货企业信誉 ④供需关系 ⑤价格因素 ⑥资金 ⑦国家法律法规和方针政策		
			4）采购计划概述 ①采购计划定义 ②采购计划的编制依据		
			5）采购计划制定的具体程序 ①采购人员拟定采购品种和采购数量 ②从合格供货方档案列表中确定合理供应商 ③录入采购计划单并审核		
		（3）签订采购合同	1）合同签订过程中的职责分工 ①采购部 ②质量管理部 ③财务部	（1）方法：讲授法、演示法、模拟练习法	3
			2）签订采购合同的原则和要求 ①合同签订人的法定资格 ②合法原则 ③公平原则 ④诚实信用原则		

续表

模块	课程	学习单元	课程内容	培训建议	课堂学时
3．药品购销	3-1 购进药品	（3）签订采购合同	3）标准书面合同内容 ①合同双方名称 ②药品信息、数量、价格 ③质量条款 ④交货日期、方式、地点 ⑤结算方式 ⑥违约责任	（2）重点与难点：标准书面合同内容	
			4）合同的管理 建立合同档案		
		（4）选择供应商	1）供应商的法定资格和质量保证能力	（1）方法：讲授法、演示法、实训（练习）法 （2）重点与难点：供应商的法定资格和质量保证能力评审	3
			2）供货品种的合法性和质量可靠性		
			3）供应商配送能力和质量信誉		
			4）服务质量		
			5）供应商销售人员的合法资格		
	3-2 销售药品	（1）销售合同的审核与签订	1）销售合同的审核 ①合同内容条款审核 ②合同签订人资格审核 ③合同签章合法性审核	（1）方法：讲授法、演示法、实训（练习）法 （2）重点与难点：销售合同的审核	4
			2）销售合同签订注意事项		
		（2）客户资料与销售记录	1）客户资料的收集与审核 ①客户资料的收集与补充 ②客户资料合法性审核	（1）方法：讲授法、演示法、模拟练习法 （2）重点与难点：客户资料合法性审核	1
			2）建立销售记录 ①销售记录的内容 ②销后退回记录的内容 ③销售记录的保存		
		（3）调价操作	1）调价单的维护	（1）方法：讲授法、演示法 （2）重点与难点：调价单的维护	1
			2）调价单的审核		

续表

模块	课程	学习单元	课程内容	培训建议	课堂学时
3．药品购销	3-3 药品招投标	（1）药品招投标的含义	1）药品招投标的基本概念 2）药品集中议价采购的含义 3）药品集中采购应遵循的原则 4）药品集中招标采购的意义	（1）方法：讲授法、演示法、模拟练习法 （2）重点与难点：药品集中采购应遵循的原则	1
		（2）药品招投标的流程	1）药品招投标的初期准备工作 2）投标所需的人员建设和资料收集 3）药品招投标的工作流程	（1）方法：讲授法、演示法、模拟练习法 （2）重点与难点：药品招投标的工作流程	1
		（3）当前药品招标模式	1）集中竞价模式 2）限价挂网模式 3）统筹模式 4）其他模式	（1）方法：讲授法、演示法、模拟练习法 （2）重点与难点：集中竞价模式	1
4．药品保管与养护	4-1 药品的收货验收与养护	（1）药品收货	1）收货概念与目的 2）药品收货流程 ①一般药品收货 ②冷链药品收货 ③特殊管理药品收货 ④销后退回药品收货 3）收货异常情况及处理 ①货单不符 ②资料不全 ③运输条件不符 ④外包装异常	（1）方法：讲授法、讨论法、模拟练习法 （2）重点与难点：收货异常情况及处理	2
		（2）药品验收	1）验收概念与目的 2）药品验收类型 3）药品验收要求 ①药品验收场所 ②待验药品验收时间	（1）方法：讲授法、讨论法、模拟练习法	3

续表

模块	课程	学习单元	课程内容	培训建议	课堂学时
4．药品保管与养护	4-1 药品的收货验收与养护	（2）药品验收	4）药品验收流程 ①一般药品验收 ②冷链药品验收 ③特殊管理药品验收 ④销后退回药品验收 ⑤直调药品验收 5）验收异常情况及处理 ①药品合格证明文件不全或与到货药品不符 ②包装、标签和说明书异常 ③药品质量状况异常	（2）重点与难点：验收异常情况及处理	
		（3）药品的效期管理	1）业务购销活动中药品的效期管理 2）储存养护过程中药品的效期管理 3）填报近效期药品催销表	（1）方法：讲授法、演示法 （2）重点与难点：填报近效期药品催销表	2
		（4）在库药品的检查和养护	1）药品养护的概念 2）影响药品质量的因素 3）养护人员工作内容 ①日常工作 ②药品检查 ③汇总分析 4）药品养护措施 ①温湿度自动监测系统 ②温湿度的调控 5）养护异常情况处理	（1）方法：讲授法、演示法 （2）重点与难点：养护异常情况处理	4
	4-2 不合格药品及退货药品处理	（1）不合格药品识别方法	1）检查包装、标签、说明书、合格证、专有标识质量情况 2）检查批号、生产日期、有效期 3）检查药品合格证明文件 4）追溯码查询	（1）方法：讲授法、演示法 （2）重点与难点：不合格药品识别方法	2

续表

模块	课程	学习单元	课程内容	培训建议	课堂学时
4．药品保管与养护	4-2 不合格药品及退货药品处理	（2）不合格药品及退货药品的处理	1）不合格药品报损的处理流程 2）销后退回药品的处理程序 3）购进退出药品的处理程序	（1）方法：讲授法、模拟练习法 （2）重点与难点：不合格药品报损的处理程序	2
5．经济核算	5-1 商业计算	（1）经济指标的计算	1）商品资金指标的计算 ①商品资金占用率指标的计算 ②商品资金周转指标的计算 2）商品销售差错率指标的计算 3）商品费用指标的计算 ①商品流通费用的计算 ②费用率指标的计算 4）商品利润指标的计算 ①毛利 ②毛利率 ③销售扣率 ④销售税金 ⑤营业利润	（1）方法：讲授法、演示法、实训（练习）法 （2）重点与难点：商品利润指标的计算	2
		（2）经济核算的目的和特征，柜组核算和记账	1）经济核算的目的和特征 2）柜组核算和记账 ①柜组核算的概念 ②会计的基础知识	（1）方法：讲授法 （2）重点与难点：柜组核算和记账	1
	5-2 商品盘点与结算	（1）盘点与结算相关知识	1）盘点的目的 ①掌握与控制库存 ②了解医药企业商品的损溢状况 ③医药商品结构的调整 ④了解医药商品效期情况 2）盘点的原则 ①实地盘点原则 ②售价盘点原则 3）盘点的方法 ①全盘 ②局盘	（1）方法：讲授法、讨论法	1

续表

模块	课程	学习单元	课程内容	培训建议	课堂学时
5. 经济核算	5-2 商品盘点与结算	(1) 盘点与结算相关知识	4) 盘点制度 5) 结算操作 ①对账 ②结账	(2) 重点与难点：盘点的原则	
		(2) 医药商品的盘点操作流程、步骤及盘点作业的注意事项	1) 商业盘点的操作流程 2) 商业盘点的操作步骤 ①盘点前的准备 ②盘点中的操作 ③盘点后的处理 3) 盘点人员方面注意事项 4) 盘点商品方面注意事项 5) 盘点结果方面注意事项 ①防止盘点作弊 ②避免盘点的损耗	(1) 方法：讲授法 (2) 重点与难点：盘点的操作步骤	1
	5-3 应收、应付结算	(1) 客户的信用额度	1) 信用限额 2) 信用期限 3) 现金折扣 4) 可接受的支付方式	(1) 方法：讲授法 (2) 重点与难点：现金折扣	1
		(2) 应收、应付账款的管理制度	1) 应收账款的管理 ①应收账款追踪分析 ②应收账款账龄分析 ③应收账款坏账准备制度 2) 应付账款的处理 ①采购和质量管理部门的相关制度 ②财务部门的相关制度 3) 应收、应付记录 ①应收款系统 ②应付款系统	(1) 方法：讲授法、演示法 (2) 重点与难点：应收账款的管理	1
课堂学时合计					155

2.2.4 三级/高级职业技能培训课程规范

模块	课程	学习单元	课程内容	培训建议	课堂学时
1. 药品介绍	1-1 常用药品	(1) 解热镇痛抗炎药	1) 解热镇痛抗炎药作用机制概述 ①解热机制 ②镇痛机制 ③抗炎机制 2) 常用药物的英文名、体内过程和特点：对乙酰氨基酚、阿司匹林、布洛芬、双氯芬酸、吲哚美辛、复方氨酚烷胺、小儿氨酚黄那敏 3) 解热镇痛抗炎药物的选用 ①特殊人群的选用 ②用于镇痛 ③用于抗炎 ④剂量和疗程 ⑤心血管风险人群及胃肠道风险人群的选用	(1) 方法：讲授法、讨论法、案例教学法、情景表演法 (2) 重点与难点：解热镇痛抗炎药的作用机制、针对不同患者进行药品介绍	2
		(2) 神经系统用药	1) 抗帕金森病药：金刚烷胺、苯海索 2) 镇静催眠药： ①作用机制概述 ②常用药物地西泮的英文名、体内过程和特点 3) 其他药物：吡拉西坦、氟桂利嗪的作用机制、英文名、体内过程和特点	(1) 方法：讲授法、讨论法、案例教学法、情景表演法 (2) 重点与难点：药品的作用机制、针对不同患者进行药品介绍	3
		(3) 治疗精神障碍药	1) 抗精神病药：按照化学结构的分类及作用机制 2) 抗焦虑药：分类及作用机制 3) 抗抑郁药：分类及作用机制	(1) 方法：讲授法、讨论法、案例教学法、情景表演法 (2) 重点与难点：药品的作用机制、针对不同患者进行药品介绍	3

续表

模块	课程	学习单元	课程内容	培训建议	课堂学时
1. 药品介绍	1-1 常用药品	（4）抗感染药	1）药物的作用机制、英文名、体内过程及特点 ①β-内酰胺类药物的作用机制及代表药物青霉素、氨苄西林、阿莫西林、阿莫西林克拉维酸钾、头孢氨苄、头孢拉定、头孢噻肟的体内过程、英文名称、作用特点 ②氨基糖苷类药物的作用机制及代表药物阿米卡星、庆大霉素的体内过程、英文名称、作用特点 ③大环内酯类药物的作用机制及代表药物阿奇霉素、克拉霉素、罗红霉素、乙酰螺旋霉素的体内过程、英文名称、作用特点 ④其他类：克林霉素、磷霉素的作用机制、体内过程、英文名称、作用特点 ⑤磺胺类药物的作用机制及代表药物复方磺胺甲噁唑的体内过程、英文名称、作用特点 ⑥喹诺酮类药物的作用机制及代表药物诺氟沙星、环丙沙星、氧氟沙星、左氧氟沙星的体内过程、英文名称、作用特点 ⑦抗结核病药异烟肼、利福平、吡嗪酰胺的作用机制、体内过程、英文名称、作用特点 ⑧抗真菌药氟康唑的作用机制、体内过程、英文名称、作用特点 ⑨抗病毒药阿昔洛韦、利巴韦林的作用机制、体内过程、英文名称、作用特点	（1）方法：讲授法、讨论法、案例教学法、情景表演法	6

续表

模块	课程	学习单元	课程内容	培训建议	课堂学时
1. 药品介绍	1-1 常用药品	(4) 抗感染药	2) 抗感染药物的选用 ①严格掌握适应证，防止药物滥用 ②避免耐药性的产生 ③抗感染药物的选用 ④给药方案的选择 ⑤抗感染药物的联合应用	(2) 重点与难点：药品的作用机制、针对不同患者进行药品介绍	
		(5) 消化系统用药	1) 药物的作用机制、英文名、体内过程及特点 ①抗消化性溃疡药复方氢氧化铝、西咪替丁、雷尼替丁、奥美拉唑的作用机制、英文名、体内过程及特点 ②助消化药乳酶生、多酶片的作用机制、英文名、体内过程及特点 ③胃肠解痉药及胃动力药多潘立酮、甲氧氯普胺的作用机制、英文名、体内过程及特点 ④泻药及止泻药乳果糖、蒙脱石的作用机制、英文名、体内过程及特点 ⑤其他类药小檗碱的作用机制、英文名、体内过程及特点 2) 药物的选用 ①抗消化性溃疡药的选用 ②缓泻药的选用	(1) 方法：讲授法、讨论法、案例教学法、情景表演法 (2) 重点与难点：药品的作用机制、针对不同患者进行药品介绍	6
		(6) 呼吸系统用药	1) 药物的作用机制、英文名、体内过程及特点 ①镇咳药喷托维林的作用机制、英文名、体内过程及特点 ②祛痰药溴己新、氨溴索、羧甲司坦的作用机制、英文名、体内过程及特点 ③平喘药沙丁胺醇、氨茶碱的作用机制、英文名、体内过程及特点	(1) 方法：讲授法、讨论法、案例教学法、情景表演法	6

续表

模块	课程	学习单元	课程内容	培训建议	课堂学时
1. 药品介绍	1-1 常用药品	(6) 呼吸系统用药	2) 呼吸系统药物的选用 ①镇咳药的选用 ②祛痰药的选用 ③平喘药的选用	(2) 重点与难点：药品的作用机制、针对不同患者进行药品介绍	
		(7) 心血管系统用药	1) 药物的作用机制、英文名、体内过程及特点 ①抗心绞痛药硝酸甘油、硝苯地平的作用机制、英文名、体内过程及特点 ②抗心律失常药的分类、作用机制及代表药物 ③抗心力衰竭药的分类、作用机制及代表药物 ④抗高血压药卡托普利、尼群地平、吲达帕胺、缬沙坦的作用机制、英文名、体内过程及特点 ⑤调血脂药辛伐他汀的作用机制、英文名、体内过程及特点	(1) 方法：讲授法、讨论法、案例教学法、情景表演法 (2) 重点与难点：药品的作用机制、针对不同患者进行药品介绍	6
			2) 心血管系统药物的选用 ①抗心律失常药的选用 ②抗心绞痛药的选用		
		(8) 内分泌系统用药	1) 口服降糖药二甲双胍、格列本脲、阿卡波糖等的作用机制、英文名、体内过程及特点	(1) 方法：讲授法、讨论法、案例教学法、情景表演法 (2) 重点与难点：药品的作用机制、针对不同患者进行药品介绍	6
			2) 口服降糖药二甲双胍、格列本脲、阿卡波糖等药物的用药指导		
		(9) 泌尿系统用药	1) 呋塞米、氢氯噻嗪、螺内酯等药物的作用机制、英文名、体内过程及特点	(1) 方法：讲授法、讨论法、案例教学法、情景表演法 (2) 重点与难点：药品的作用机制、针对不同患者进行药品介绍	6
			2) 呋塞米、氢氯噻嗪、螺内酯等药物的用药指导		

续表

模块	课程	学习单元	课程内容	培训建议	课堂学时
1. 药品介绍	1-1 常用药品	(10) 抗过敏药	1) 抗过敏药氯苯那敏、氯雷他定等药物的作用机制、英文名、体内过程及特点 2) 抗过敏药氯苯那敏、氯雷他定等药物的用药指导	(1) 方法：讲授法、讨论法、案例教学法、情景表演法 (2) 重点与难点：药品的作用机制、针对不同患者进行药品介绍	4
		(11) 皮肤科及眼科用药	1) 皮肤科用药 ①抗感染药克霉唑、酮康唑的作用机制、英文名、体内过程及特点 ②肾上腺皮质激素类药地塞米松、氢化可的松的作用机制、英文名、体内过程及特点 2) 眼科用药 ①眼部抗炎药的分类、作用机制、代表药物 ②防治青光眼药的代表药物、作用机制	(1) 方法：讲授法、讨论法、案例教学法、情景表演法 (2) 重点与难点：药品的作用机制、针对不同患者进行药品介绍	4
		(12) 其他	1) 血液系统用药 ①抗贫血药硫酸亚铁、维生素 B_{12}、叶酸的作用机制、英文名、体内过程及特点 ②抗血小板药的分类、代表药物、作用机制 ③促凝血药维生素 K_1、氨甲苯酸的作用机制、英文名、体内过程及特点 2) 维生素类药 ①维生素类药的分类 ②代表药物维生素 C、维生素 D_2、维生素 AD、维生素 E 的作用机制、英文名、体内过程及特点	(1) 方法：讲授法、讨论法、案例教学法、情景表演法	4

续表

模块	课程	学习单元	课程内容	培训建议	课堂学时
1. 药品介绍	1-1 常用药品	(12) 其他	3) 抗寄生虫病药 ①抗疟药的分类及代表药物氯喹、青蒿素类药物的作用机制、英文名、体内过程及特点 ②抗阿米巴病药及抗滴虫药甲硝唑、替硝唑的作用机制、英文名、体内过程及特点 ③驱肠虫药阿苯达唑的作用机制、英文名、体内过程及特点	(2) 重点与难点：药品的作用机制、针对不同患者进行药品介绍	
	1-2 常见病的药物治疗	(1) 高血压的药物治疗	1) 高血压的诊断标准和分级 2) 高血压的分类 ①按病因分类 ②按病情进展分类 3) 高血压的临床表现及并发症 ①一般症状 ②主要并发症：心脏、肾脏、脑、血管和视网膜并发症 4) 常用抗高血压药 ①利尿剂 ②血管紧张素转换酶抑制剂 ③血管紧张素Ⅱ受体拮抗剂 ④钙拮抗剂 ⑤β-受体阻滞剂 ⑥α-受体阻滞剂 ⑦其他类 5) 高血压的治疗 ①治疗目标 ②非药物治疗 ③药物治疗：抗高血压药物治疗的适应证、药物治疗原则、药物治疗方案、高血压及合并症的合理选药、高血压治疗过程中应注意的问题	(1) 方法：讲授法、讨论法、案例教学法、情景表演法 (2) 重点与难点：针对不同的高血压患者给出个体化用药方案，并作出详细的药品介绍	8

续表

模块	课程	学习单元	课程内容	培训建议	课堂学时
1. 药品介绍	1-2 常见病的药物治疗	(2) 消化性溃疡的药物治疗	1) 消化性溃疡的病因和诱因 2) 消化性溃疡的临床表现 ①主要症状 ②并发症：出血、穿孔、幽门梗阻、癌变等 3) 常用的抗消化性溃疡药 ①抗酸药 ②胃酸分泌抑制药 ③黏膜保护剂 ④抗幽门螺旋杆菌药 ⑤胃肠解痉药 4) 消化性溃疡的治疗 ①治疗目的 ②非药物治疗 ③药物治疗：治疗原则、治疗方案、应用抗消化性溃疡药应注意的问题	(1) 方法：讲授法、讨论法、案例教学法、情景表演法 (2) 重点与难点：针对不同的消化性溃疡患者给出个体化用药方案，并作出详细的药品介绍	6
		(3) 肺结核的药物治疗	1) 肺结核的感染途径 ①传染源 ②传染途径 ③易感人群 2) 肺结核的临床表现 ①全身症状 ②呼吸系统症状：咳嗽、咳血、呼吸困难、胸痛、体征 3) 常用抗结核病物 ①一线抗结核药 ②二线抗结核药 4) 肺结核的治疗 ①非药物治疗 ②对症治疗 ③化学药物治疗：化疗的适应证、化疗目的、化疗目标、化疗原则、化疗方案、应用抗结核药应注意的问题	(1) 方法：讲授法、讨论法、案例教学法、情景表演法 (2) 重点与难点：针对不同的肺结核患者给出个体化用药方案，并作出详细的药品介绍	6

续表

模块	课程	学习单元	课程内容	培训建议	课堂学时
1. 药品介绍	1-2 常见病的药物治疗	（4）糖尿病的药物治疗	1）糖尿病的病因 ①遗传因素 ②环境因素 ③自身免疫 2）糖尿病的类型 ①Ⅰ型糖尿病 ②Ⅱ型糖尿病 ③特殊类型糖尿病 ④妊娠糖尿病 3）糖尿病的临床表现 ①多饮、多尿、多食 ②消瘦或体重减轻 ③其他 4）糖尿病的主要并发症 ①糖尿病的急性并发症：糖尿病酮症酸中毒、高渗性非酮症糖尿病昏迷、糖尿病合并感染 ②糖尿病的慢性并发症：大血管病变、微血管病变、神经病变、糖尿病性眼病、糖尿病足 5）常用的降糖药物 ①胰岛素制剂：胰岛素的适应证、胰岛素的类型、胰岛素的不良反应 ②口服降糖药：磺酰脲类胰岛素分泌促进剂、非磺酰脲类胰岛素分泌促进剂、双胍类、α-葡萄糖苷酶抑制剂、胰岛素增敏剂、其他类 6）糖尿病的治疗 ①糖尿病的治疗目的 ②糖尿病的治疗原则：早期治疗、长期治疗、综合治疗、治疗措施个体化 ③糖尿病的治疗方案："五驾马车"方案 ④应用药物期间应注意的问题	（1）方法：讲授法、讨论法、案例教学法、情景表演法 （2）重点与难点：针对不同的糖尿病患者给出个体化用药方案，并作出详细的药品介绍	6

续表

模块	课程	学习单元	课程内容	培训建议	课堂学时
1．药品介绍	1-2 常见病的药物治疗	（5）高脂血症的药物治疗	1）高脂血症概述：血脂分类、血脂水平分层标准、高脂血症定义、高脂血症危害 2）高脂血症的病因和分型 ①高脂血症的病因 ②高脂血症的分型 3）高脂血症的临床表现 4）常用的调血脂药 ①他汀类 ②贝特类 ③烟酸类 ④胆酸螯合剂 ⑤胆固醇吸收抑制剂 ⑥其他调血脂药 5）高脂血症的治疗 ①治疗目的 ②治疗原则 ③非药物治疗：饮食治疗、改善生活方式 ④药物治疗：调血脂药的选用、联合用药、特殊人群的血脂异常治疗 ⑤降脂疗效监测 ⑥应用药物期间应注意的问题	（1）方法：讲授法、讨论法、案例教学法、情景表演法 （2）重点与难点：针对不同的高脂血症患者给出个体化用药方案，并作出详细的药品介绍	6
	1-3 新药品种介绍	（1）新药品种介绍概述	1）新药品种介绍的目的 2）新药品种介绍的内容 ①新药的名称 ②新药的成分 ③新药的规格 ④新药的作用、作用机制 ⑤新药的适应证 ⑥新药的药物代谢动力学特点 ⑦新药的疗效 ⑧新药的特性	（1）方法：讲授法、案例教学法	4

续表

模块	课程	学习单元	课程内容	培训建议	课堂学时
1. 药品介绍	1-3 新药品种介绍	（1）新药品种介绍概述	⑨新药的制剂、用法、用量、不良反应、注意事项、与其他药物的相互作用 ⑩新药的市场前景展望 3）新药品种介绍的技巧 ①拉近距离法 ②对比宣传法 ③展示利益法 4）新药品种相关资料的收集 ①新药生产企业研究开发的资料 ②权威文献资料	（2）重点与难点：新药品种介绍的内容及资料收集	
		（2）新药品种介绍示例（以替米沙坦为例）	1）药品名称 2）药品成分 3）药品规格 4）药品作用、作用机制 5）药品的适应证 6）药品的药物代谢动力学：吸收、分布、代谢、排泄、肾功能损害、肝功能损害 7）药品的疗效 ①药品的体内活性 ②药品的临床前实验数据 8）药品的特性 9）药品的制剂、用法、用量 10）药品的不良反应、注意事项、与其他药物的相互作用 ①不良反应 ②注意事项 ③孕妇及哺乳期妇女用药 ④禁忌证 ⑤药物相互作用 11）药品的市场前景展望	（1）方法：讲授法、案例教学法 （2）重点与难点：针对新上市的某种药品收集资料，并对新药进行系统全面的介绍	4

续表

模块	课程	学习单元	课程内容	培训建议	课堂学时
2．药品营销	2-1 市场调研与新品种开发	（1）市场调研	1）市场调查概述 ①市场调查的定义 ②市场调查的意义	（1）方法：讲授法、演示法、实训（练习）法	6
			2）市场调查的内容 ①市场环境调查 ②药品供需调查 ③客户情况调查 ④药品市场竞争调查		
			3）市场调查的类型 ①普查 ②重点调查 ③典型调查 ④抽样调查		
			4）市场调查的步骤 ①确定调查目标 ②制订调查方案 ③设计调查表 ④设计调查表应注意的问题 ⑤整理调查资料 ⑥写出调查报告		
			5）药品市场调查的方法 ①面谈调查法 ②电话调查法 ③网络调查法 ④观察调查法		
			6）市场预测的含义 ①市场预测的概念 ②市场预测的意义		
			7）市场预测的分类 ①按市场预测时间分类 ②按预测范围分类 ③按预测方法、方式分类 ④按预测内容分类		

续表

模块	课程	学习单元	课程内容	培训建议	课堂学时
2．药品营销	2-1 市场调研与新品种开发	（1）市场调研	8）市场预测的内容 ①外部经营环境预测 ②药品预测 ③供求预测 ④竞争预测 ⑤价格预测 ⑥促销预测 ⑦经济效益预测	（2）重点与难点：市场调查的步骤、市场预测的步骤	
			9）市场预测的步骤 ①确定预测目标 ②确定预测的信息来源 ③选择适当的预测方法 ④编制预测计划 ⑤安排预测人员 ⑥调查资料分析研究 ⑦综合分析预测		
			10）市场预测的方法 ①定性预测方法 ②定量预测方法		
		（2）新品种开发	1）产品整体概念与产品组合策略 ①产品整体概念 ②产品组合策略		4
			2）产品生命周期的含义和各阶段的特点 ①产品生命周期概念 ②四个阶段的特点	（1）方法：讲授法、实物示教法、观摩法	
			3）产品生命周期各阶段的应对策略 ①投入期策略 ②成长期策略 ③成熟期策略 ④衰退期策略		
			4）新产品的开发策略 ①开发新产品的意义 ②开发新产品的方向 ③开发新产品的要求		

续表

模块	课程	学习单元	课程内容	培训建议	课堂学时
2．药品营销	2-1 市场调研与新品种开发	(2) 新品种开发	5）开发新产品的程序 ①构思阶段 ②筛选阶段 ③形成概念阶段 ④综合分析阶段 ⑤研制阶段 ⑥试销阶段 ⑦投入市场阶段	(2) 重点与难点：产品生命周期的各阶段特点	
			6）新产品的开发方式 ①独创型 ②引进型 ③综合型		
	2-2 销售促进	(1) 顾客心理	1）顾客心理类型 ①安全型心理 ②求实型心理 ③自尊型心理 ④求新型心理 ⑤求美型心理 ⑥求名型心理 ⑦偏好型心理 ⑧仿效型心理 ⑨隐秘型心理 ⑩疑虑型心理	(1) 方法：讲授法、角色扮演法、情景表演法 (2) 重点与难点：顾客购买行为类型及应对技巧	5
			2）顾客的购买行为过程 ①产生需求欲望 ②收集商品信息 ③比较评价选择 ④形成购买决策 ⑤购后感悟影响		
			3）顾客购买行为类型及应对技巧 ①理智型顾客 ②习惯型顾客 ③节约型顾客 ④冲动型顾客 ⑤求名型顾客 ⑥不定型顾客		

续表

模块	课程	学习单元	课程内容	培训建议	课堂学时
2．药品营销	2-2 销售促进	（2）促销	1）药品促销的概念与作用 ①药品促销的概念 ②药品促销的作用	（1）方法：讲授法、观摩法、案例教学法 （2）重点与难点：促销策略的特点与运用	5
			2）人员推销 ①人员推销的概念 ②人员推销的作用 ③对药品推销员的要求		
			3）广告促销 ①广告促销的概念 ②广告促销的特点 ③广告促销的原则 ④广告促销的管理内容		
			4）营业推广 ①营业推广的概念 ②营业推广的形式		
			5）公共关系 ①公共关系的概念 ②公共关系的作用		
		（3）渠道策略	1）药品营销渠道概念	（1）方法：讲授法、演示法、实训（练习）法 （2）重点与难点：营销渠道的不同类型与策略	4
			2）药品营销渠道的类型 ①不同长度的营销渠道 ②不同宽度的营销渠道		
			3）影响药品营销渠道的因素 ①药品因素 ②市场因素 ③企业因素 ④其他因素		
			4）药品营销渠道策略 ①普通性营销渠道策略 ②选择性营销渠道策略 ③复式营销渠道策略		
	2-3 商务谈判	（1）谈判僵局的处理	1）商务谈判的基本方法 ①做到知己知彼，才能百战百胜 ②设定让步限度，准备多套预案	（1）方法：讲授法、情景表演法	4

续表

模块	课程	学习单元	课程内容	培训建议	课堂学时
2. 药品营销	2-3 商务谈判	(1) 谈判僵局的处理	③做到言简意赅，掌握倾听技巧 ④选择谈判高手，审时度势换人 2) 商务谈判的基本技巧 ①刚柔相济 ②拖延回旋 ③留有余地 ④以退为进 ⑤相互体谅 ⑥埋下契机 3) 商务谈判的原则 ①诚恳对待、耐心说服的原则 ②反复斟酌、求同存异的原则 ③沉着应战、后发制人的原则 4) 药品商务谈判的程序 ①准备阶段 ②开局阶段 ③摸底阶段 ④磋商阶段 ⑤成交阶段 ⑥协议后阶段	(2) 重点与难点：商务谈判的基本技巧和程序	
		(2) 合同纠纷的处理	1) 合同的仲裁机构 2) 合同仲裁案件的管辖 3) 合同仲裁的程序	(1) 方法：讲授法、案例教学法 (2) 重点与难点：合同仲裁的程序	4
3. 药品的保管养护	3-1 药品的特殊保管	(1) 麻醉药品的管理	1) 麻醉药品的定义 2) 麻醉药品的品种范围 3) 麻醉药品的储存管理 4) 麻醉药品的经营和使用	(1) 方法：讲授法 (2) 重点与难点：麻醉药品的经营和使用	2
		(2) 精神药品的管理	1) 精神药品的定义 2) 精神药品的品种范围 3) 精神药品的储存管理 4) 精神药品的经营和使用	(1) 方法：讲授法 (2) 重点与难点：精神药品的经营和使用	2

续表

模块	课程	学习单元	课程内容	培训建议	课堂学时
3. 药品的保管养护	3-1 药品的特殊保管	（3）医疗用毒性药品的管理	1）医疗用毒性药品的定义	（1）方法：讲授法 （2）重点与难点：医疗用毒性药品的经营和使用	1
			2）医疗用毒性药品的品种范围		
			3）医疗用毒性药品的储存管理		
			4）医疗用毒性药品的经营和使用		
		（4）放射性药品的管理	1）放射性药品的定义	（1）方法：讲授法 （2）重点与难点：放射性药品的经营和使用	1
			2）放射性药品的品种范围		
			3）放射性药品的储存管理		
			4）放射性药品的经营和使用		
		（5）戒毒药品的管理	1）戒毒药品的定义	（1）方法：讲授法 （2）重点与难点：戒毒药品的经营和使用	2
			2）戒毒药品的品种范围		
			3）戒毒药品的储存管理		
			4）戒毒药品的经营和使用		
		（6）含麻黄碱类复方制剂的管理	1）含麻黄碱类复方制剂的含义	（1）方法：讲授法 （2）重点与难点：含麻黄碱类复方制剂的经营和使用	2
			2）含麻黄碱类复方制剂的品种范围		
			3）含麻黄碱类复方制剂的储存管理		
			4）含麻黄碱类复方制剂的经营和使用		
	3-2 药品的重点养护	重点养护药品品种的类别及养护方法	1）重点养护药品品种分类	（1）方法：讲授法、演示法 （2）重点与难点：重点养护药品品种分类	4
			2）重点养护药品品种的储存管理		

续表

模块	课程	学习单元	课程内容	培训建议	课堂学时
4．经济核算	4-1 库存分析	（1）医药商品最高、最低库存量的计算方法	1）药品库存控制概念 2）医药商品最高、最低库存量的计算公式	（1）方法：讲授法、演示法 （2）重点与难点：医药商品最高、最低库存量的计算公式	1
		（2）医药商品合理库存的控制方法	1）医药商品合理库存的控制方法概述 2）医药商品合理库存核算指标 ①每平方米储存量指标 ②账货相符率指标 ③收发货差错率指标 ④药品保管损失指标 ⑤保管费用指标 ⑥工作量指标	（1）方法：讲授法、演示法 （2）重点与难点：医药商品合理库存的核算指标	1
		（3）医药商品经济批量存储法	1）经济批量储存法的概念 2）经济批量储存公式的推导过程	（1）方法：讲授法、演示法 （2）重点与难点：医药商品经济批量存储法	1
		（4）医药商品库存ABC分析法	1）ABC分析法简介 2）ABC分析法在药品库存结构中的应用 ①将库存药品按ABC分析法进行分类 ②根据ABC三类商品的库存结构列表 ③绘制ABC三类商品帕累托分析图	（1）方法：讲授法、演示法、实训（练习）法 （2）重点与难点：ABC分析法在药品库存结构中的应用	1
	4-2 保本保利分析	（1）保本保利分析基础知识	1）成本的形态分类 ①固定成本 ②变动成本 ③混合成本 2）量本利分析概述 ①量本利基本公式 ②边际贡献	（1）方法：讲授法、演示法 （2）重点与难点：量本利分析概述	2

续表

模块	课程	学习单元	课程内容	培训建议	课堂学时
4. 经济核算	4-2 保本保利分析	（2）保本保利计算	1）保本分析 ①单一产品保本点计算 ②多种产品保本点计算	（1）方法：讲授法、演示法、实训（练习）法 （2）重点与难点：保本分析	1
			2）保利分析		
		（3）量本利分析法	1）量本利分析图	（1）方法：讲授法、演示法、实训（练习）法 （2）重点与难点：量本利分析图	1
			2）安全边际分析		
课堂学时合计					150

2.2.5 培训建议中培训方法说明

（1）讲授法

讲授法指教师主要运用语言讲述，系统地向学员传授知识，传播思想理念。即教师通过叙述、描绘、解释、推论来传递信息、传授知识、阐明概念、论证定律和公式，引导学员获取知识，认识和分析问题。

（2）讨论法

讨论法指在教师的指导下，学员以班级或小组为单位，围绕学习单元的内容，对某一专题进行深入探讨，通过讨论或辩论活动，从而获得知识或巩固知识的一种教学方法，要求教师在讨论结束时对讨论的主题做归纳性总结。

（3）实训（练习）法

实训（练习）法指学员在教师的指导下巩固知识、运用知识、形成技能技巧的方法。通过实际操作的练习，形成操作技能。

（4）参观法

参观法指教师组织或指导学员进行实地观察、调查、研究和学习，使学员获得新知识或巩固已学知识的教学方法。参观法可细分为准备性参观、并行性参观、总结性参观等。

（5）演示法

演示法指在教学过程中，教师通过示范操作和讲解使学员获得知识、技能的教学方法。教学中，教师对操作内容进行现场演示，边操作边讲解，强调操作的关键步骤和注意事项，使学员边学边做，理论与技能并重，师生互动，提高学生的学习兴趣和学习效率。

(6) 案例教学法

案例教学法指通过对案例进行分析，提出问题，分析问题，并找到解决问题的途径和手段，培养学员分析问题、处理问题的能力。

(7) 项目教学法

项目教学法指以实际应用为目的，将理论知识与实际工作相结合，通过师生共同完成一个完整的项目工作，使学员获得知识和实践操作能力与解决实际问题能力的教学方法。其实是以小组为学习单位，步骤一般分为确定项目任务、计划、决策、实施、检查和评价6个步骤。强调学员在学习过程中的主体地位，以学员为中心，以学员学习为主、教师指导为辅，通过完成教学项目，激发学员的学习积极性，使学员既获得相关理论知识，又掌握实践技能和工作方法，提高学员解决实际问题的综合能力。

(8) 角色扮演法

角色扮演法指学员通过不同角色的扮演，体验角色内涵和角色心理，充分展现各种角色的"为"和"位"。在医药商品购销员角色扮演中的"角色"一般包括药品采购员和供应商，药品销售员和顾客。学员通过角色扮演，学习和运用购销技能，达到规范采购药品、为顾客提供合理用药服务的要求。

(9) 情景表演法

情景表演法指教师在实施培训前事先准备和布置培训现场，并设定情景表演的情景、对话内容及评估标准，通过学员现场的情景表演活动以及教师对活动效果的及时评估，从而达到培训的预期效果。

(10) 实物示教法

实物示教法指教师通过实物的操作演示或对学员实物操作演示的评价，实现对学员技能操作步骤和要领掌握情况的检查、纠错、修正，并演示正确操作方法。

(11) 观摩法

观摩法指让学员通过现场观摩、观看视频等形式，学习、获取知识和技能。

2.3 考 核 规 范

2.3.1 职业基本素质培训考核规范

考核范围	考核比重(%)	考核内容	考核比重(%)	考核单元
1. 职业道德	20	1-1 职业道德基本知识	10	(1) 职业道德的含义和要素
				(2) 职业道德的特征和实践作用
		1-2 医药行业职业道德与医药商品购销员职业守则	10	(1) 医药行业职业道德的概念、特征和基本原则
				(2) 医药商品购销员职业守则
2. 相关法律知识	20	2-1 《中华人民共和国药品管理法》相关规定	10	(1) 药品管理法概述
				(2) 药品生产和经营企业管理
				(3) 药品管理
				(4) 药品包装的管理
				(5) 药品价格及广告的管理
				(6) 药品监督方面的管理
				(7) 法律责任
		2-2 《药品经营质量管理规范》(GSP)	5	(1) 《药品经营质量管理规范》概述
				(2) 药品批发的质量管理
				(3) 药品零售的质量管理
		2-3 《互联网药品信息服务管理办法》	1	《互联网药品信息服务管理办法》概述
		2-4 产品质量法知识	1	产品质量法知识
		2-5 消费者权益保护法知识	1	消费者权益保护法知识
		2-6 反不正当竞争法知识	1	反不正当竞争法知识
		2-7 劳动法知识	1	劳动法知识

续表

考核范围	考核比重（%）	考核内容	考核比重（%）	考核单元
3．医学基础知识	20	3-1 人体的构成	5	（1）概述
				（2）人体各系统构成及基本功能
		3-2 病原微生物	10	（1）细菌
				（2）真菌
				（3）病毒
				（4）其他微生物
		3-3 人体免疫功能	5	（1）抗原
				（2）抗体
				（3）免疫应答
				（4）人体免疫功能与疾病
				（5）知识拓展：免疫
4．药物基础知识	30	4-1 药物的分类及制剂特点	6	（1）药物的分类
				（2）药物的剂型
		4-2 药物的作用	6	（1）药物的基本作用及治疗作用
				（2）药物作用的主要类型
		4-3 影响药物作用的因素	6	（1）药物方面的因素
				（2）机体方面的因素
		4-4 药品的质量标准	6	（1）药品质量标准的概念与制定原则
				（2）药品质量标准的内容
		4-5 药品包装与标志	6	（1）药品包装的基本要求
				（2）药品包装的类别、材料及容器
				（3）药品包装上的标志
				（4）药品说明书
5．安全知识	10	5-1 防火基础知识	5	防火基础知识
		5-2 安全用电知识	5	安全用电知识

2.3.2 五级/初级职业技能培训理论知识考核规范

考核范围	考核比重（%）	考核内容	考核比重（%）	考核单元
1. 顾客服务	10	1-1 接待顾客	5	（1）接待礼仪
				（2）接待基本技巧
		1-2 提供服务	5	（1）医药商业服务
				（2）包装知识
2. 药品介绍	40	2-1 处方药与非处方药	10	（1）处方药与非处方药的分类管理
				（2）使用非处方药的注意事项
		2-2 常用药物的适应证和使用方法	20	（1）解热镇痛抗炎药
				（2）中枢神经系统用药
				（3）抗微生物药
				（4）消化系统用药
				（5）呼吸系统用药
				（6）心血管系统用药
				（7）内分泌系统用药
				（8）泌尿系统用药
				（9）抗过敏药
				（10）皮肤科及眼科用药
				（11）其他类
		2-3 药物的合理使用	10	（1）合理用药
				（2）滥用药物的危害
				（3）合理使用抗菌药物
3. 药品销售	35	3-1 销售准备	5	（1）环境要求和环境准备
				（2）物资准备
				（3）人员准备
		3-2 销售实施	20	（1）药品销售
				（2）票据填制
				（3）销售结算
		3-3 销售记录与售后管理	10	（1）药品销售记录
				（2）售后服务

续表

考核范围	考核比重（%）	考核内容	考核比重（%）	考核单元
4．药品陈列与保管	15	4-1 药品分类陈列	10	（1）药品的配置
				（2）药品的陈列
		4-2 药品的保管与养护	5	（1）影响药品质量的因素
				（2）化学制剂（西药）的养护
				（3）中成药的养护
				（4）常见易变质剂型的养护
				（5）药品养护的基本要求
				（6）温湿度自动监测系统

2.3.3 五级/初级职业技能培训操作技能考核规范

考核范围	考核比重（%）	考核形式	选考方式	考核时间（分钟）	重要程度
1．顾客服务	10	实操	必考	10	Y
2．药品介绍	35	实操	必考	20	X
3．药品销售	40	实操	必考	20	X
4．药品陈列与保管	15	实操	必考	15	X

重要程度说明：
"X"表示核心要素，是评定中最重要、出现频率最高的内容，具有必备性、典型性的特点。"Y"表示一般要素，是评定中一般重要内容。"Z"表示辅助要素，是评定中重要程度较低的内容。

2.3.4 四级/中级职业技能培训理论知识考核规范

考核范围	考核比重（%）	考核内容	考核比重（%）	考核单元
1．顾客服务	10	1-1 接待顾客咨询	5	（1）咨询接待
				（2）咨询查询程序及记录
		1-2 处理顾客投诉	5	（1）顾客投诉的类型
				（2）顾客投诉处理的原则和步骤
				（3）接受顾客投诉时的交谈原则

续表

考核范围	考核比重（%）	考核内容	考核比重（%）	考核单元
1．顾客服务		1-2 处理顾客投诉		（4）处理顾客投诉的技巧
				（5）退换货处理原则与服务标准
				（6）退换货工作流程
2．药品介绍	40	2-1 常见病基础知识	10	（1）感冒
				（2）胃炎
				（3）尿路感染
				（4）支气管炎
				（5）大叶性肺炎
				（6）过敏性鼻炎
				（7）消化不良
				（8）支气管哮喘
		2-2 常见药品的作用、用途、不良反应及注意事项	20	（1）抗微生物与寄生虫用药
				（2）解热镇痛抗炎药
				（3）神经系统及精神障碍用药
				（4）心血管系统用药
				（5）呼吸系统用药
				（6）消化系统用药
				（7）泌尿系统用药
				（8）血液系统用药
				（9）内分泌系统用药
				（10）其他
		2-3 处方及处方调配	10	（1）处方的含义与分类
				（2）处方的结构与规则
				（3）处方用语
				（4）处方审核与调配
3．药品购销	20	3-1 购进药品	8	（1）首营审核
				（2）编制采购计划
				（3）签订采购合同
				（4）选择供应商

续表

考核范围	考核比重（%）	考核内容	考核比重（%）	考核单元
3．药品购销		3-2 销售药品	10	（1）销售合同的审核与签订
				（2）客户资料与销售记录
				（3）调价操作
		3-3 药品招投标	2	（1）药品招投标的含义
				（2）药品招投标的流程
				（3）当前药品招标模式
4．药品保管与养护	20	4-1 药品的收货验收与养护	10	（1）药品收货
				（2）药品验收
				（3）药品的效期管理
				（4）在库药品的检查和养护
		4-2 不合格药品及退货药品处理	10	（1）不合格药品识别方法
				（2）不合格药品及退货药品的处理
5．经济核算	10	5-1 商业计算	5	（1）经济指标的计算
				（2）经济核算的目的和特征，柜组核算和记账
		5-2 商品盘点与结算	2.5	（1）盘点与结算相关知识
				（2）医药商品的盘点操作流程、步骤及盘点作业的注意事项
		5-3 应收、应付结算	2.5	（1）客户的信用额度
				（2）应收、应付账款的管理制度

2.3.5　四级／中级职业技能培训操作技能考核规范

考核范围	考核比重（%）	考核形式	选考方式	考核时间（分钟）	重要程度
1．顾客服务	5	实操	必考	10	Y
2．药品介绍	50	实操	必考	20	X
3．药品购销	18	实操	必考	20	X
4．药品保管与养护	13	实操	必考	15	Y
5．经济核算	14	实操	必考	10	Z

2.3.6 三级/高级职业技能培训理论知识考核规范

考核范围	考核比重（％）	考核内容	考核比重（％）	考核单元
1. 药品介绍	50	1-1 常用药品	30	（1）解热镇痛抗炎药
				（2）神经系统用药
				（3）治疗精神障碍药
				（4）抗感染药
				（5）消化系统用药
				（6）呼吸系统用药
				（7）心血管系统用药
				（8）内分泌系统用药
				（9）泌尿系统用药
				（10）抗过敏药
				（11）皮肤科及眼科用药
				（12）其他
		1-2 常见病的药物治疗	15	（1）高血压的药物治疗
				（2）消化性溃疡的药物治疗
				（3）肺结核的药物治疗
				（4）糖尿病的药物治疗
				（5）高脂血症的药物治疗
		1-3 新药品种介绍	5	（1）新药品种介绍概述
				（2）新药品种介绍示例（以替米沙坦为例）
2. 药品营销	25	2-1 市场调研与新品种开发	10	（1）市场调研
				（2）新品种开发
		2-2 销售促进	10	（1）顾客心理
				（2）促销
				（3）渠道策略
		2-3 商务谈判	5	（1）谈判僵局的处理
				（2）合同纠纷的处理

续表

考核范围	考核比重（%）	考核内容	考核比重（%）	考核单元
3．药品的保管养护	10	3-1 药品的特殊保管	6	（1）麻醉药品的管理
				（2）精神药品的管理
				（3）医疗用毒性药品的管理
				（4）放射性药品的管理
				（5）戒毒药品的管理
				（6）含麻黄碱类复方制剂的管理
		3-2 药品的重点养护	4	重点养护药品品种的类别及养护方法
4．经济核算	15	4-1 库存分析	9	（1）医药商品最高、最低库存量的计算方法
				（2）医药商品合理库存的控制法
				（3）医药商品经济批量存储法
				（4）医药商品库存ABC分析法
		4-2 保本保利分析	6	（1）保本保利分析基础知识
				（2）保本保利计算
				（3）量本利分析法

2.3.7 三级/高级职业技能培训操作技能考核规范

考核范围	考核比重（%）	考核形式	选考方式	考核时间（分钟）	重要程度
1．药品介绍	55	实操	必考	20	Y
2．药品营销	28	实操	必考	30	X
3．药品的保管养护	2	实操	必考	10	X
4．经济核算	15	实操	必考	15	Y

附录

培训要求与课程规范对照表

附录

附录1 职业基本素质培训要求与课程规范对照表

2.1.1 职业基本素质培训要求			2.2.1 职业基本素质培训课程规范			
职业基本素质模块（模块）	培训内容（课程）	培训细目	学习单元	课程内容	培训建议	课堂学时
1. 职业道德	1-1 职业道德基本知识	(1) 职业道德的含义 (2) 职业道德规范行为的要素 (3) 职业道德的特征和实践作用	(1) 职业道德的含义和要素	1) 职业道德的含义 2) 职业道德的基本要素 ①职业理想 ②职业态度 ③职业法纪 ④职业荣誉 ⑤职业作风	(1) 方法：讲授法、案例教学法、讨论法 (2) 重点与难点：职业道德的基本要素	1
			(2) 职业道德的特征和实践作用	1) 职业道德的特征 ①鲜明的行业性 ②适用范围的有限性 ③表现形式的多样性 ④一定的强制性 ⑤相对稳定性 2) 职业道德的实践作用	(1) 方法：讲授法、案例教学法、讨论法 (2) 重点与难点：职业道德的特征	1
	1-2 医药行业职业道德与医药商品购销员职业守则	(1) 医药行业职业道德的概念、特征和原则 (2) 作为医药商品购销员必须遵守的职业守则	(1) 医药行业职业道德的概念、特征和原则	1) 医药行业职业道德的概念 2) 医药行业职业道德的特征 3) 医药行业职业道德的原则	(1) 方法：讲授法、案例教学法、观摩法 (2) 重点与难点：医药行业职业道德的特征与原则	1
			(2) 医药商品购销员职业守则	1) 遵纪守法，爱岗敬业 2) 质量为本，真诚守信 3) 急人所难，救死扶伤 4) 文明经商，热情服务	(1) 方法：讲授法、案例教学法、观摩法 (2) 重点与难点：医药商品购销员职业守则	1
2. 相关法律知识	2-1 《中华人民共和国药品管理法》相关规定	(1) 药品管理法概述 (2) 药品生产企业管理 (3) 药品经营企业管理	(1) 药品管理法概述	1) 立法目的 2) 适用范围	(1) 方法：讲授法 (2) 重点与难点：适用范围	1
			(2) 药品生产和经营企业管理	1) 开办药品生产、经营企业的条件 2) 开办药品生产、经营企业的法定程序 3) 实施《药品生产质量管理规范》《药品经营质量管理规范》 4) 药品经营企业经营行为的有关规定	(1) 方法：讲授法、演示法、实训（练习）法 (2) 重点与难点：开办药品生产、经营企业的条件及法定程序	2

续表

2.1.1 职业基本素质培训要求			2.2.1 职业基本素质培训课程规范			
职业基本素质模块（模块）	培训内容（课程）	培训细目	学习单元	课程内容	培训建议	课堂学时
2．相关法律知识	2-1 《中华人民共和国药品管理法》相关规定	(4)《中华人民共和国药品管理法》对药品的规定 (5)《中华人民共和国药品管理法》对假药、劣药的认定 (6) 药品包装材料和容器的管理规定 (7) 药品标签、说明书的规定 (8) 药品价格及广告的管理规定 (9) 药品监督方面的管理规定	(3) 药品管理	1) 关于新药的管理 2) 药品实施批准文号管理的规定 3) 药品标准 4) 对新药审评和药品再评价的规定 5) 采购药品的要求 6) 特殊管理的药品 7) 国家实行的几项药品制度 ①药品上市许可持有人制度 ②药品追溯制度 ③基本药物制度 ④药物警戒制度 8) 关于进出口药品的规定 9) 药品检验的规定 10) 关于假药和劣药的认定 11) 药品的通用名称 12) 对有关药品从业人员卫生要求的法律规定	(1) 方法：讲授法、演示法、实训（练习）法 (2) 重点与难点：采购药品的要求，关于假药和劣药的认定	2
			(4) 药品包装的管理	1) 药品包装材料容器的管理 2) 药品的标签和说明书	(1) 方法：讲授法、演示法 (2) 重点与难点：药品的标签和说明书	1
			(5) 药品价格及广告的管理	1) 药品价格管理的规定 2) 药品广告的管理	(1) 方法：讲授法、演示法 (2) 重点与难点：药品广告的管理	1
			(6) 药品监督方面的管理	1) 对药品监督管理部门和人员的要求 2) 药品安全信息统一公布制度 3) 申请复验的有关规定 4) 国家实行的药品警戒制度	(1) 方法：讲授法、案例教学法 (2) 重点与难点：申请复验的有关规定	1

续表

2.1.1 职业基本素质培训要求			2.2.1 职业基本素质培训课程规范			
职业基本素质模块（模块）	培训内容（课程）	培训细目	学习单元	课程内容	培训建议	课堂学时
2. 相关法律知识	2-1 《中华人民共和国药品管理法》相关规定	（10）药品生产、经营过程中企业和人员应承担的法律责任	（7）法律责任	1) 生产、销售假药应承担的法律责任 2) 生产、销售劣药应承担的法律责任 3) 生产、销售假劣药品的有关人员应承担的法律责任 4) 药品经营企业等未按规定实施有关规定应承担的法律责任 5) 违反本法关于许可证和药品批准证明文件的规定应承担的法律责任	（1）方法：讲授法、案例教学法 （2）重点与难点：生产、销售假、劣药应承担的法律责任	1
	2-2 《药品经营质量管理规范》(GSP)	（1）《药品经营质量管理规范》概述 （2）药品批发企业负责人及质量管理部门的管理职责 （3）批发企业人员与设施设备的要求 （4）批发企业各经营环节的质量要求	（1）《药品经营质量管理规范》概述	1) 立法依据 2) 适用范围	（1）方法：讲授法 （2）重点与难点：适用范围	1
			（2）药品批发的质量管理	1) 管理职责 ①企业负责人职责 ②质量管理部门职责 2) 人员与培训 ①关键岗位人员 ②人员资格要求 ③培训要求 ④健康检查 3) 设施与设备 ①库房要求 ②库房设施设备 4) 采购 ①采购程序 ②购进记录 5) 收货与验收 6) 储存与养护 7) 出库、运输与配送 ①药品出库原则 ②出库 ③运输与配送 8) 销售与售后服务 ①药品销售要求 ②药品售后管理	（1）方法：讲授法、演示法、实训（练习）法 （2）重点与难点：药品经营企业经营环节的质量要求	2

续表

2.1.1 职业基本素质培训要求			2.2.1 职业基本素质培训课程规范			
职业基本素质模块（模块）	培训内容（课程）	培训细目	学习单元	课程内容	培训建议	课堂学时
2. 相关法律知识	2-2 《药品经营质量管理规范》(GSP)	（5）零售企业各经营环节的质量要求	（3）药品零售的质量管理	1）管理职责 2）人员管理 3）设施与设备 4）陈列与储存 5）销售管理 6）售后管理	（1）方法：讲授法、演示法、实训（练习）法 （2）重点与难点：陈列与储存、销售管理	1
	2-3 《互联网药品信息服务管理办法》	《互联网药品信息服务管理办法》	（1）《互联网药品信息服务管理办法》概述	1）概述 ①立法目的和依据 ②适用范围 ③互联网药品信息服务类型 ④监管责任主体 ⑤申请人合法权益与违法处罚 ⑥行政部门违法审核应承担的责任 2）互联网药品信息服务资格证书的申请 ①申请条件 ②申请程序	（1）方法：讲授法、案例教学法 （2）重点与难点：互联网药品信息服务资格证书的申请	1
	2-4 产品质量法知识	（1）法律概述 （2）产品质量监督管理制度 （3）生产者的产品质量责任和义务 （4）销售者的产品质量责任和义务	产品质量法知识	1）法律概述 ①产品质量法的相关概念 ②产品质量法调整的对象 ③产品质量法的立法目的和适用范围 2）产品质量监督管理制度 ①企业质量体系认证制度 ②产品质量认证制度 ③产品质量监督检查制度 3）生产者的产品质量责任和义务 4）销售者的产品质量责任和义务	（1）方法：讲授法、案例教学法	1

续表

2.1.1 职业基本素质培训要求			2.2.1 职业基本素质培训课程规范			
职业基本素质模块（模块）	培训内容（课程）	培训细目	学习单元	课程内容	培训建议	课堂学时
2. 相关法律知识	2-4 产品质量法知识	（5）损害赔偿 （6）罚则	产品质量法知识	5）损害赔偿 ①一般产品质量的赔偿责任 ②产品缺陷的赔偿责任 ③损害赔偿的具体规定 ④产品质量纠纷处理方式	（2）重点与难点：产品质量监督检查制度	
				6）罚则 ①行政责任 ②刑事责任		
	2-5 消费者权益保护法知识	（1）法律概述 （2）消费者权利 （3）经营者义务 （4）争议的解决与法律责任	消费者权益保护法知识	1）法律概述	（1）方法：讲授法、讨论法 （2）重点与难点：消费者的权利	1
				2）消费者的权利 ①保障安全权 ②知情权 ③自主选择权 ④公平交易权 ⑤依法求偿权 ⑥依法结社权 ⑦知情权 ⑧受尊重权 ⑨监督权		
				3）经营者的义务 ①经营者应当按照法律的规定或者合同的约定履行义务 ②接受监督的义务 ③保证其提供的商品或者服务安全的义务 ④提供真实信息的义务 ⑤出具凭证和单据的义务 ⑥保证质量的义务 ⑦实行"三包"的责任义务 ⑧不得从事不公平、不合理交易的义务 ⑨尊重消费者的义务		
				4）争议的解决与法律责任 ①争议的解决途径 ②经营者的法律责任		

续表

2.1.1 职业基本素质培训要求			2.2.1 职业基本素质培训课程规范			
职业基本素质模块（模块）	培训内容（课程）	培训细目	学习单元	课程内容	培训建议	课堂学时
2. 相关法律知识	2-6 反不正当竞争法知识	(1) 法律概述 (2) 不正当竞争行为 (3) 监督检查 (4) 不正当竞争行为的法律责任	反不正当竞争法知识	1) 法律概述 ①立法目的 ②我国市场交易的基本原则 2) 不正当竞争行为 ①不正当竞争行为的特征 ②不正当竞争的行为 3) 监督检查 ①监督检查部门 ②监督检查部门的职权 4) 不正当竞争行为的法律责任 ①民事法律责任 ②行政责任 ③刑事责任	(1) 方法：讲授法、讨论法、案例教学法 (2) 重点与难点：不正当竞争行为	1
	2-7 劳动法知识	(1) 法律概述 (2) 劳动合同的订立 (3) 劳动合同的履行与变更 (4) 劳动合同的解除与终止 (5) 监督检查和法律责任	劳动法知识	1) 法律概述 ①劳动法的相关概念 ②劳动法调整的对象 ③劳动法的适用范围 2) 劳动合同的订立 3) 劳动合同的履行与变更 4) 劳动合同的解除与终止 5) 监督检查和法律责任	(1) 方法：讲授法、案例教学法、讨论法 (2) 重点与难点：劳动合同的订立	1
3. 医学基础知识	3-1 人体的构成	(1) 人体的组成 (2) 细胞的基本功能	(1) 概述	1) 人体的外观：头、颈、躯干、四肢 2) 人体的组成：细胞、组织、器官、系统 3) 细胞 ①细胞的组成 ②生物电现象 4) 人体的四大组织 ①结缔组织 ②上皮组织 ③肌肉组织 ④神经组织	(1) 方法：讲授法、讨论法 (2) 重点与难点：细胞的组成	1

续表

2.1.1 职业基本素质培训要求			2.2.1 职业基本素质培训课程规范			
职业基本素质模块（模块）	培训内容（课程）	培训细目	学习单元	课程内容	培训建议	课堂学时
3. 医学基础知识	3-1 人体的构成	(3) 人体九大系统及各系统的组成、形态结构	(2) 人体各系统构成及基本功能	1) 循环系统 ①心脏：心脏的位置、心脏的外形、心脏的血管、心脏的收缩功能 ②血管的种类、结构与分布：动脉、静脉、毛细血管 ③淋巴系统	(1) 方法：讲授法、讨论法、实物示教法 (2) 重点与难点：九大系统的生物学作用	2
				2) 神经系统 ①脑和脑神经 ②脊髓和脊神经 ③植物性神经系统		
				3) 运动系统 ①骨及骨联结 ②躯干骨及联结 ③颅骨及其联结 ④四肢骨及其联结 ⑤骨骼肌		
				4) 皮肤 ①表皮 ②真皮 ③皮下组织 ④皮肤的附属器：毛发、皮脂腺、汗腺、指（趾）甲 ⑤皮肤的功能		
				5) 消化系统 ①消化系统的组成：消化管和消化腺 ②消化管的一般结构 ③消化管各段的解剖：口腔、咽、食管、胃、小肠、大肠、盲肠、直肠 ④消化腺：胰、肝		
				6) 呼吸系统 ①呼吸系统的组成及其基本结构 ②肺的构成 ③呼吸		
				7) 泌尿系统 ①泌尿系统的组成 ②尿的形成		

续表

2.1.1 职业基本素质培训要求			2.2.1 职业基本素质培训课程规范			
职业基本素质模块（模块）	培训内容（课程）	培训细目	学习单元	课程内容	培训建议	课堂学时
3. 医学基础知识	3-1 人体的构成	(4) 人体九大系统对人体的生物学作用	(2) 人体各系统构成及基本功能	8) 生殖系统 ①男性生殖系统 ②女性生殖系统 9) 内分泌系统 ①甲状腺：甲状腺构造、甲状腺激素、甲状腺激素的生物学作用 ②肾上腺及其激素 ③松果体及其激素		
	3-2 病原微生物	(1) 细菌的结构与种类及致病原理	(1) 细菌	1) 细菌的形态 ①球菌 ②杆菌 ③螺旋菌 2) 细菌的结构 ①基本结构：细胞壁、细胞膜、细胞质和包含体、核质体 ②特殊结构：荚膜、鞭毛、菌毛、芽孢 3) 细菌的营养和生长繁殖 ①细菌的营养类型 ②细菌的营养物质：水、碳源、氮源、无机盐、生长因子 ③细菌的生长繁殖条件 4) 细菌在人体的分布 ①正常菌群的含义 ②人体正常菌群的分布 ③正常菌群的生理作用 ④条件致病菌和菌群失调 5) 细菌的致病性 ①细菌的毒力 ②细菌入侵门户 ③机体的抗拒免疫 6) 细菌的变异现象 7) 常见病原性细菌 ①球菌：葡萄球菌、链球菌、奈瑟球菌 ②肠道杆菌：大肠杆菌、沙门氏菌、志贺氏菌、绿脓杆菌、棒状杆菌、分枝杆菌、厌氧芽孢杆菌	(1) 方法：讲授法、讨论法、实物示教法 (2) 重点与难点：常见病原性细菌	2

附录

续表

2.1.1 职业基本素质培训要求			2.2.1 职业基本素质培训课程规范			
职业基本素质模块（模块）	培训内容（课程）	培训细目	学习单元	课程内容	培训建议	课堂学时
3. 医学基础知识	3-2 病原微生物	（2）真菌的形态、结构及致病原理 （3）人体对真菌的免疫性、真菌的防治原则 （4）病毒的形态结构、病毒的抵抗力 （5）常见病毒及其导致的疾病 （6）病毒的防治原则	（2）真菌	1）真菌的形态和结构：菌丝、孢子、酵母菌、霉菌、双相真菌 2）真菌的抵抗力 3）真菌的致病性 ①真菌性感染 ②条件性真菌感染 ③过敏性真菌病 ④真菌毒素中毒症 4）人体对真菌的免疫性 ①非特异性免疫 ②特异性免疫 5）真菌感染的防治原则	（1）方法：讲授法、讨论法 （2）重点与难点：常见真菌导致的疾病以及防治原则	1
			（3）病毒	1）病毒的大小与形态 2）病毒的结构与功能 ①病毒的基本结构：病毒核酸、衣壳 ②病毒的辅助结构：囊膜、触须样纤维、病毒携带的酶 3）病毒的抵抗力 ①病毒对物理因素的抵抗力：温度、盐类、酸碱度、射线 ②病毒对化学因素的抵抗力：脂溶剂、甘油、化学消毒剂、抗生素 4）病毒对机体的致病作用 ①病毒感染机体的类型：亚临床感染、急性感染、持续性感染 ②病毒感染细胞的类型：杀细胞性感染、稳定性感染、整合感染 5）常见致病病毒及其防治原则 ①流感病毒 ②流行性乙脑病毒 ③肝炎病毒 ④肠道病毒	（1）方法：讲授法、讨论法 （2）重点与难点：常见致病病毒及其防治原则	1

续表

2.1.1 职业基本素质培训要求			2.2.1 职业基本素质培训课程规范			
职业基本素质模块（模块）	培训内容（课程）	培训细目	学习单元	课程内容	培训建议	课堂学时
3．医学基础知识	3-2 病原微生物	(7) 支原体 (8) 衣原体 (9) 立克次体 (10) 螺旋体	(4) 其他微生物	1) 支原体 ①生物学性状 ②抵抗力 ③支原体致病性与免疫性 ④主要致病性支原体：肺炎感染支原体、泌尿生殖道感染支原体、穿透支原体 2) 衣原体 ①生物学性状 ②类型 ③抵抗力 ④衣原体所致疾病：沙眼、包涵体薄膜炎、泌尿生殖道感染、性病淋巴肉芽肿、呼吸道感染 3) 立克次体的生物学特点及其所致疾病 4) 螺旋体的生物学特点及其所致疾病	(1) 方法：讲授法、讨论法 (2) 重点与难点：支原体、衣原体、立克次体、螺旋体的特点及其导致的疾病	1
	3-3 人体免疫功能	(1) 抗原的定义及特性 (2) 抗体的定义、分类、特性、功能 (3) 抗体的功能、作用	(1) 抗原	抗原的定义及特性	(1) 方法：讲授法、讨论法 (2) 重点与难点：抗原的特性	1
			(2) 抗体	1) 各类抗体的主要特性和功能 ①IgG ②IgM ③IgA ④IgD ⑤IgE 2) 抗体的功能与作用 ①中和毒素和阻止病原体入侵 ②激活补体产生攻膜复合物使细胞溶解破坏 ③调理吞噬和ADCC ④介导Ⅰ型超敏反应 ⑤穿过胎盘屏障和黏膜	(1) 方法：讲授法、讨论法 (2) 重点与难点：抗体的功能与作用	1

续表

2.1.1 职业基本素质培训要求			2.2.1 职业基本素质培训课程规范			
职业基本素质模块（模块）	培训内容（课程）	培训细目	学习单元	课程内容	培训建议	课堂学时
3．医学基础知识	3-3 人体免疫功能	（4）免疫应答的概念、类型、基本过程 （5）免疫应答的特点 （6）人体免疫缺陷性疾病的概念、临床表现、疾病特点	（3）免疫应答	1) 免疫应答的类型 ①按参与细胞分类 ②按抗原刺激顺序分类 ③按应答效果分类 2) 免疫应答的基本过程 ①抗原识别阶段 ②淋巴细胞活化阶段 ③抗原清除阶段 3) 免疫应答的特点 ①排异性 ②特异性 ③记忆性 ④放大性	（1）方法：讲授法、讨论法 （2）重点与难点：免疫应答的基本过程	1
			（4）人体免疫功能与疾病	1) 临床表现 ①感染 ②肿瘤 ③变态反应 ④自身免疫病 2) 共同特点 ①对各种病原体的易感性增加 ②易发生恶性肿瘤 ③易并发自身免疫病 ④遗传倾向性 3) 原发性免疫缺陷病 ①抗体缺陷病 ②T细胞缺陷病 ③T和B细胞联合免疫缺陷 ④吞噬细胞缺陷病 ⑤补体系统缺陷病 4) 继发性免疫缺陷疾病 ①感染 ②恶性肿瘤 ③免疫抑制剂和抗生素类药物 ④营养不良与营养过多 ⑤肝、肾功能不全 ⑥其他	（1）方法：讲授法、讨论法 （2）重点与难点：免疫缺陷性疾病的临床表现及特点，继发性免疫缺陷疾病的诱因	1

续表

2.1.1 职业基本素质培训要求			2.2.1 职业基本素质培训课程规范			
职业基本素质模块（模块）	培训内容（课程）	培训细目	学习单元	课程内容	培训建议	课堂学时
3．医学基础知识	3-3 人体免疫功能	（7）自身免疫病的特点以及防治原则 （8）人体免疫及免疫系统、免疫器官、免疫细胞、免疫的分类 （9）人体免疫的三大功能、免疫的三道防线	（4）人体免疫功能与疾病	5）自身免疫病 ①自身免疫病的特点 ②自身免疫病的原因和发病机制 ③自身免疫病的分类 ④自身免疫病的治疗原则	（1）方法：讲授法、讨论法 （2）重点与难点：免疫的三大功能及三道防线	1
			（5）知识拓展：免疫	1）免疫及免疫系统：免疫的定义、免疫系统的作用、免疫系统的分类		
				2）免疫器官及免疫细胞 ①中枢免疫器官 ②周围免疫器官 ③免疫细胞		
				3）免疫的分类 ①种免疫 ②获得性免疫：自动获得性免疫、被动获得性免疫		
				4）免疫的三大功能 ①免疫防御 ②免疫自稳 ③免疫监视		
				5）免疫的三道防线 ①免疫的第一道防线 ②免疫的第二道防线 ③免疫的第三道防线		
4．药物基础知识	4-1 药物的分类及制剂特点	（1）药物分类的常见分类标志 （2）不同分类方法下所包含的药物类别	（1）药物的分类	1）按药品来源分类	（1）方法：讲授法 （2）重点与难点：按药品管理的特殊性分类	1
				2）按药物剂型分类		
				3）按给药途径与方法分类		
				4）按药理作用分类		
				5）按处方药与非处方药分类		
				6）按国家药物管理制度分类		
				7）按药品管理的特殊性分类		
				8）按商业习惯分类		

附录

续表

2.1.1 职业基本素质培训要求			2.2.1 职业基本素质培训课程规范			
职业基本素质模块（模块）	培训内容（课程）	培训细目	学习单元	课程内容	培训建议	课堂学时
4．药物基础知识	4-1 药物的分类及制剂特点	（3）各种常用剂型的定义 （4）各种常用剂型的特点	（2）药物的剂型	1）片剂 2）胶囊剂 3）注射剂 4）糖浆剂 5）软膏剂 6）栓剂 7）酊剂 8）散剂 9）颗粒剂 10）油剂 11）气雾剂 12）贴剂 13）滴丸剂 14）膜剂 15）植入剂 16）溶液剂 17）混悬剂 18）乳剂 19）合剂 20）滴剂	（1）方法：讲授法 （2）重点与难点：各种常用剂型的特点	2
	4-2 药物的作用	（1）药物的基本作用及治疗作用的定义 （2）药物的基本作用及治疗作用的类型 （3）药物作用的各种类型的定义 （4）不良反应的主要类型	（1）药物的基本作用及治疗作用	1）药物的基本作用 ①兴奋作用 ②抑制作用 2）药物的治疗作用 ①对因治疗作用 ②对症治疗作用	（1）方法：讲授法 （2）重点与难点：药物的治疗作用	1
			（2）药物作用的主要类型	1）局部作用和吸收作用 ①局部作用 ②吸收作用 2）选择作用和普遍细胞作用 ①药物的选择作用 ②普遍细胞作用 3）按照药物作用的性质分类 ①兴奋作用 ②抑制作用 4）不良反应	（1）方法：讲授法 （2）重点与难点：不良反应的主要类型	1

续表

2.1.1 职业基本素质培训要求			2.2.1 职业基本素质培训课程规范			
职业基本素质模块（模块）	培训内容（课程）	培训细目	学习单元	课程内容	培训建议	课堂学时
4. 药物基础知识	4-3 影响药物作用的因素	（1）剂型、剂量、给药途径、用药时间和次数、联合用药以及药物相互作用等因素对药物作用的影响	（1）药物方面的因素	1）剂型 2）剂量 3）给药途径 4）用药时间和次数 5）联合用药 6）药物相互作用	（1）方法：讲授法 （2）重点与难点：联合用药、药物相互作用对药物作用的影响	1
		（2）年龄与体重、性别、个体差异、药物依赖性、病理状态、精神状态以及遗传等因素对药物作用的影响	（2）机体方面的因素	1）年龄与体重 2）性别 3）个体差异 4）药物依赖性 5）病理状态 6）精神状态 7）遗传因素	（1）方法：讲授法 （2）重点与难点：个体差异、药物依赖性对药物作用的影响	1
	4-4 药品的质量标准	（1）药品质量标准的概念 （2）药品质量标准的制定原则	（1）药品质量标准的概念与制定原则	1）药品质量标准的含义 2）药品质量标准的制定原则	（1）方法：讲授法 （2）重点与难点：药品质量标准的制定原则	1
		（1）《中华人民共和国药典》的组成 （2）药品质量标准的具体内容	（2）药品质量标准的内容	1）《中华人民共和国药典》 2）《中华人民共和国药典》的收载范围 3）药品质量标准的具体内容	（1）方法：讲授法 （2）重点与难点：药品质量标准的具体内容	1
	4-5 药品包装与标志	（1）药品包装的法律要求 （2）药品包装的技术要求 （3）药品包装的类别 （4）药品常用的包装材料与容器	（1）药品包装的基本要求	1）药品包装的法律要求 2）药品包装的技术要求	（1）方法：讲授法 （2）重点与难点：药品包装的技术要求	1
			（2）药品包装的类别、材料及容器	1）药品包装的类别 2）药品常用的包装材料 3）药品常用的包装容器	（1）方法：讲授法 （2）重点与难点：药品常用的包装容器	1

附录

续表

2.1.1 职业基本素质培训要求			2.2.1 职业基本素质培训课程规范			
职业基本素质模块（模块）	培训内容（课程）	培训细目	学习单元	课程内容	培训建议	课堂学时
4．药物基础知识	4-5 药品包装与标志	（5）药品标签、注册商标和条形码的使用要求 （6）药品批准文号、批号的组成、有效期和失效期 （7）特殊管理药品、外用药品专有标志、指示性警告性标识	（3）药品包装上的标志	1）药品标签 2）注册商标 3）条形码 4）批准文号 5）药品批号 6）药品的有效期和失效期 7）专有标志 8）指示性警告性标识	（1）方法：讲授法、实训（练习）法 （2）重点与难点：药品专有标志	1
		（8）药品说明书的主要内容 （9）药品说明书各项内容的含义	（4）药品说明书	药品说明书的主要内容	（1）方法：讲授法、实训（练习）法 （2）重点与难点：药品说明书的主要内容	1
5．安全知识	5-1 防火基础知识	（1）引起火灾的原因 （2）灭火知识	防火基础知识	1）引起火灾的原因 ①引起不同类型火灾的原因 <1> 人为思想麻痹、操作不当 <2> 物质的、生物的、化学的作用 <3> 纵火 ②引起仓库火灾的大致原因 <1> 违章用火 <2> 违章用电 <3> 违章作业 <4> 化学危险品混存 <5> 自燃 <6> 雷击和静电 <7> 纵火 2）灭火知识 ①燃烧的条件和种类 ②灭火的方法 <1> 冷却灭火法 <2> 窒息灭火法 <3> 隔离灭火法 <4> 抑制灭火法 ③灭火剂 <1> 水	（1）方法：讲授法、案例教学法	1

续表

2.1.1 职业基本素质培训要求			2.2.1 职业基本素质培训课程规范			
职业基本素质模块（模块）	培训内容（课程）	培训细目	学习单元	课程内容	培训建议	课堂学时
5. 安全知识	5-1 防火基础知识	（3）防火工作的基本措施	防火基础知识	<2> 化学泡沫 <3> 二氧化碳 <4> 干粉 <5> 卤代烷灭火剂 <6> 沙土 <7> 水蒸气 ④固定消防设施 <1> 消火栓 <2> 消防水带和水枪 <3> 消防水泵结合器 <4> 自动报警和自动灭火设施 3）防火工作的基本措施 ①认真贯彻执行消防安全规定 ②开展消防教育 ③开展消防安全检查 ④做好灭火准备 ⑤及时清除安全隐患 ⑥加强对火源、电源的管理	（2）重点与难点：灭火的方法与防火措施	
	5-2 安全用电知识	（1）安全用电注意事项 （2）发生触电时现场急救方法 （3）电气防火常识	安全用电知识	1）安全用电注意事项 2）发生触电时现场急救方法 3）电气防火常识 ①电气火灾的原因 ②电气火灾的预防	（1）方法：讲授法、案例教学法 （2）重点与难点：现场急救方法	1
课堂学时合计						50

附录2 五级/初级职业技能培训要求与课程规范对照表

2.1.2 五级/初级职业技能培训要求				2.2.2 五级/初级职业技能培训课程规范			
职业功能模块（模块）	培训内容（课程）	技能目标	培训细目	学习单元	课程内容	培训建议	课堂学时
1. 顾客服务	1-1 接待顾客	1-1-1 能掌握接待顾客的礼仪要求和基本技巧	（1）按基本的流程接待顾客	（1）接待礼仪	1）个人礼仪 ①仪容 ②仪表 ③仪态 ④其他注意事项	（1）方法：讲授法、角色扮演法	6

127

续表

2.1.2 五级/初级职业技能培训要求				2.2.2 五级/初级职业技能培训课程规范			
职业功能模块（模块）	培训内容（课程）	技能目标	培训细目	学习单元	课程内容	培训建议	课堂学时
1. 顾客服务	1-1 接待顾客	1-1-1 能掌握接待顾客的礼仪要求和基本技巧	(2) 掌握接待顾客的礼仪要求 (3) 处理接待中的常见问题 (4) 正确使用常用服务用语 (5) 掌握不同类型顾客的接待方法 (6) 掌握同时接待多个顾客的方法	(1) 接待礼仪	2) 商务礼仪 ①着装礼仪 ②药事服务礼仪 ③商务谈判礼仪 3) 交谈礼仪 ①目光 ②微笑 ③交际距离 ④面谈	(2) 重点与难点：交谈礼仪	6
				(2) 接待基本技巧	1) 常用服务用语 2) 服务语言禁忌 3) 不同类型顾客的接待方法 4) 接待顾客的时机 5) 同时接待多个顾客的方法 6) 顾客接待中常见情况的处理	(1) 方法：讲授法、观摩法、角色扮演法 (2) 不同类型顾客的接待方法和常见情况的处理	
	1-2 提供服务	1-2-1 能按照医药商业服务的基本步骤和形式要求提供企业服务	(1) 掌握医药商业服务的基本步骤	(1) 医药商业服务	1) 医药商业服务的基本步骤 ①观察顾客 ②初步接触 ③询问病情 ④展示药品 ⑤揣摩顾客需求 ⑥推介药品 ⑦劝说引导 ⑧抓住销售要点 ⑨成交结算 ⑩包装送客 2) 医药商业服务的基本形式 ①简单增值服务 ②健康信息服务 ③物流延伸服务 ④社区关怀服务 ⑤慢病服务 ⑥送药上门服务 ⑦药学服务 ⑧会员制服务	(1) 方法：讲授法、观摩法、角色扮演法	4

续表

2.1.2 五级/初级职业技能培训要求				2.2.2 五级/初级职业技能培训课程规范			
职业功能模块（模块）	培训内容（课程）	技能目标	培训细目	学习单元	课程内容	培训建议	课堂学时
1. 顾客服务	1-2 提供服务	1-2-1 能按照医药商业服务的基本步骤和形式要求提供企业服务	(2) 掌握医药商业服务的基本形式 (3) 掌握医药企业服务的基本规范	(1) 医药商业服务	3) 医药商业服务的注意事项 ①负责到底 ②换位思考 ③告别消极 ④给顾客时间 ⑤给顾客空间 ⑥善待投诉 ⑦避免绝对化 ⑧常怀感恩 4) 药品零售企业服务规范 ①药品零售企业售前、售中服务规范 ②医药零售企业售后服务规范 5) 药品批发企业服务规范 ①医药批发企业在销售前应做到的服务 ②医药批发企业在销售中应做到的服务 ③医药批发企业的服务措施	(2) 重点与难点：医药企业服务的基本步骤和服务规范	
		1-2-2 能按照医药商品的特性使用不同的包装材料进行商品包装	(1) 掌握不同包装材料的特性 (2) 掌握不同包装类型并进行商品包装	(2) 包装知识	1) 包装材料 2) 包装功能 3) 包装类型 ①常规包装 ②礼品包装 4) 包装的注意事项	(1) 方法：讲授法、观摩法 (2) 重点与难点：包装类型	4
2. 药品介绍	2-1 处方药与非处方药	2-1-1 能理解处方药与非处方药的分类管理办法	(1) 理解处方药与非处方药的概念 (2) 理解处方药与非处方药的管理要点	(1) 处方药与非处方药的分类管理	1) 处方药的概念及管理 ①标签、说明书的管理 ②广告管理 2) 非处方药的概念及管理 ①包装 ②标签和说明书 ③警示语或忠告语 ④广告管理 ⑤非处方药专有标识管理	(1) 方法：讲授法、实训（练习）法 (2) 重点与难点：特殊管理药品与非处方药专有标识管理	2

续表

2.1.2 五级/初级职业技能培训要求				2.2.2 五级/初级职业技能培训课程规范			
职业功能模块（模块）	培训内容（课程）	技能目标	培训细目	学习单元	课程内容	培训建议	课堂学时
2. 药品介绍	2-1 处方药与非处方药	2-1-2 能掌握使用非处方药的注意事项	(1) 指导顾客正确购买非处方药 (2) 指导顾客正确使用非处方药	(2) 使用非处方药的注意事项	1) 指导顾客正确购买非处方药 ①正确判断疾病 ②明确用药禁忌及药物相互作用 2) 指导顾客正确使用非处方药 ①指导顾客按说明书准确用药 ②避免应用变质及超效期药品	(1) 方法：讲授法、情景表演法 (2) 重点：指导顾客正确使用非处方药 (3) 难点：明确用药禁忌及药物相互作用	4
	2-2 常用药物的适应证和使用方法	2-2-1 能进行解热镇痛抗炎药的药品介绍	(1) 独立完成顾客接待 (2) 介绍常用解热镇痛抗炎药的适应证和使用方法	(1) 解热镇痛抗炎药	1) 解热镇痛抗炎药概述 ①分类及代表药 ②作用 2) 常用药物阿司匹林、对乙酰氨基酚、布洛芬、吲哚美辛、双氯芬酸、萘普生、复方氨酚烷胺、小儿氨酚黄那敏等的商品名或别名、适应证及使用方法	(1) 方法：讲授法、情景表演法 (2) 重点与难点：常用解热镇痛抗炎药的适应证和使用方法	10
		2-2-2 能进行中枢神经系统用药的药品介绍	(1) 独立完成顾客接待	(2) 中枢神经系统用药	1) 抗帕金森病药 ①帕金森病概述及抗帕金森病药分类和代表药 ②常用药物金刚烷胺、苯海索等的商品名或别名、适应证及使用方法 2) 镇静催眠抗焦虑药 ①镇静催眠抗焦虑药概述（分类、代表药及作用特点） ②常用药物地西泮、艾司唑仑、苯巴比妥等的商品名或别名、适应证及使用方法	(1) 方法：讲授法、情景表演法	6

续表

2.1.2 五级/初级职业技能培训要求				2.2.2 五级/初级职业技能培训课程规范			
职业功能模块（模块）	培训内容（课程）	技能目标	培训细目	学习单元	课程内容	培训建议	课堂学时
2. 药品介绍	2-2 常用药物的适应证和使用方法	2-2-2 能进行中枢神经系统用药的药品介绍	（2）介绍常用中枢神经系统用药的适应证和使用方法	（2）中枢神经系统用药	3）抗精神病药 ①精神失常概述及抗精神病药分类和代表药 ②常用药物利培酮等的商品名或别名、适应证及使用方法	（2）重点与难点：常用药物的适应证和使用方法	
					4）其他 ①中枢兴奋药分类及代表药 ②常用药物吡拉西坦、氟桂利嗪等的商品名或别名、适应证及使用方法		
		2-2-3 能进行抗微生物药的药品介绍	（1）独立完成顾客接待	（3）抗微生物药	1）抗微生物药的基本知识 ①常见术语 ②抗生素的分类	（1）方法：讲授法、情景表演法	12
					2）常用抗生素的适应证及使用方法 ①青霉素类 <1>青霉素类药物概述（分类、代表药及临床使用注意事项） <2>常用药物青霉素、氨苄西林、阿莫西林、阿莫西林-克拉维酸钾等的商品名或别名、适应证及使用方法 ②头孢菌素类 <1>四代头孢菌素类药物特点对比 <2>常用药物头孢氨苄、头孢拉定、头孢噻肟等的商品名或别名、适应证及使用方法		

续表

2.1.2 五级/初级职业技能培训要求				2.2.2 五级/初级职业技能培训课程规范			
职业功能模块（模块）	培训内容（课程）	技能目标	培训细目	学习单元	课程内容	培训建议	课堂学时
2. 药品介绍	2-2 常用药物的适应证和使用方法	2-2-3 能进行抗微生物药的药品介绍	(2) 介绍常用抗微生物药的适应证和使用方法	(3) 抗微生物药	③氨基糖苷类 <1>氨基糖苷类药物概述（抗菌谱、临床应用、毒性反应及代表药） <2>常用药物庆大霉素、阿米卡星等的商品名或别名、适应证及使用方法 ④大环内酯类 <1>大环内酯类药物概述（抗菌特点及代表药） <2>常用药物红霉素、阿奇霉素、克拉霉素、罗红霉素、乙酰螺旋霉素等的商品名或别名、适应证及使用方法 ⑤四环素类 四环素类药物概述（抗菌谱、作用特点及代表药） ⑥酰胺醇类（也称氯霉素类） 酰胺醇类药物概述（抗菌谱、临床应用及代表药氯霉素） ⑦其他抗生素 <1>分类及代表药 <2>常用药物克林霉素、磷霉素等的商品名或别名、适应证及使用方法 3) 合成抗菌药的适应证及使用方法 ①磺胺类抗菌药 <1>磺胺类抗菌药概述（作用特点、临床应用、分类及代表药） <2>常用药物复方磺胺甲噁唑等的商品名或别名、适应证及使用方法	(2) 重点与难点：常用药物的适应证和使用方法	

续表

2.1.2 五级/初级职业技能培训要求				2.2.2 五级/初级职业技能培训课程规范			
职业功能模块（模块）	培训内容（课程）	技能目标	培训细目	学习单元	课程内容	培训建议	课堂学时
2．药品介绍	2-2 常用药物的适应证和使用方法	2-2-3 能进行抗微生物药的药品介绍	（2）介绍常用抗微生物药的适应证和使用方法	（3）抗微生物药	②喹诺酮类抗菌药 <1>喹诺酮类抗菌药概述（抗菌谱、临床应用及代表药） <2>常用药物诺氟沙星、环丙沙星、氧氟沙星、左氧氟沙星等的商品名或别名、适应证及使用方法 ③硝基咪唑类和硝基呋喃类 <1>硝基咪唑类药物临床应用及代表药 <2>硝基呋喃类药物临床应用及代表药		
					4）抗结核病药的适应证及使用方法 ①结核病概述及抗结核病药分类和代表药 ②常用药物异烟肼、利福平、吡嗪酰胺等的商品名或别名、适应证及使用方法		
					5）抗真菌药的适应证及使用方法 ①真菌感染概述及抗真菌药分类和代表药 ②常用药物氟康唑等的商品名或别名、适应证及使用方法		
					6）抗病毒药的适应证及使用方法 ①病毒（感染）概述及抗病毒药分类和代表药 ②常用药物阿昔洛韦、利巴韦林等的商品名或别名、适应证及使用方法		

续表

2.1.2 五级/初级职业技能培训要求					2.2.2 五级/初级职业技能培训课程规范			
职业功能模块（模块）	培训内容（课程）	技能目标	培训细目	学习单元	课程内容	培训建议	课堂学时
2. 药品介绍	2-2 常用药物的适应证和使用方法	2-2-4 能进行消化系统用药的药品介绍	（1）独立完成顾客接待	（4）消化系统用药	1) 抗消化性溃疡药 ①消化性溃疡与抗消化性溃疡药概述（分类、作用机理及代表药） ②常见抗消化性溃疡药适应证及使用方法 <1>抗酸药：复方氢氧化铝等的商品名或别名、适应证及使用方法 <2>抑制胃酸分泌药：西咪替丁、雷尼替丁、奥美拉唑等的商品名或别名、适应证及使用方法 <3>黏膜保护药：枸橼酸铋钾等的商品名或别名、适应证及使用方法 2) 胃肠解痉药及胃动力药 ①胃肠痉挛及胃动力异常概述、解痉药及胃动力药分类与代表药 ②常用药物多潘立酮、甲氧氯普胺等的商品名或别名、适应证及使用方法 3) 助消化药 常用药物乳酶生、多酶片等的商品名或别名、适应证及使用方法 4) 泻药和止泻药 ①泻药和止泻药概述（分类、作用及代表药）	（1）方法：讲授法、情景表演法	10

续表

2.1.2 五级/初级职业技能培训要求				2.2.2 五级/初级职业技能培训课程规范			
职业功能模块（模块）	培训内容（课程）	技能目标	培训细目	学习单元	课程内容	培训建议	课堂学时
2.药品介绍	2-2 常用药物的适应证和使用方法	2-2-4 能进行消化系统用药的药品介绍	（2）介绍常用消化系统用药的适应证和使用方法	（4）消化系统用药	②常用药物乳果糖、蒙脱石、小檗碱等的商品名或别名、适应证及使用方法	（2）重点与难点：常用药物的适应证和使用方法	
					5）肝胆疾病辅助用药 肝胆疾病辅助用药概述（分类、临床应用及代表药）		
		2-2-5 能进行呼吸系统用药的药品介绍	（1）独立完成顾客接待 （2）介绍常用呼吸系统用药的适应证和使用方法	（5）呼吸系统用药	1）镇咳药 ①镇咳药概述（分类、作用部位及代表药） ②常用药物喷托维林等的商品名或别名、适应证及使用方法	（1）方法：讲授法、情景表演法 （2）重点与难点：常用药物的适应证和使用方法	10
					2）祛痰药 ①祛痰药概述（分类及代表药） ②常用药物氨溴索、羧甲司坦、溴己新等的商品名或别名、适应证及使用方法		
					3）平喘药 ①平喘药概述（分类、作用机理及代表药） ②常用药物氨茶碱、沙丁胺醇等的商品名或别名、适应证及使用方法		
		2-2-6 能进行心血管系统用药的药品介绍	（1）独立完成顾客接待	（6）心血管系统用药	1）抗心力衰竭药 常用药物地高辛等的商品名或别名、适应证及使用方法	（1）方法：讲授法、情景表演法	10
					2）抗心绞痛药 ①抗心绞痛药分类及代表药 ②常用药物硝酸甘油、硝苯地平等的商品名或别名、适应证及使用方法		

续表

2.1.2 五级/初级职业技能培训要求				2.2.2 五级/初级职业技能培训课程规范			
职业功能模块（模块）	培训内容（课程）	技能目标	培训细目	学习单元	课程内容	培训建议	课堂学时
2. 药品介绍	2-2 常用药物的适应证和使用方法	2-2-6 能进行心血管系统用药的药品介绍	（2）介绍常用心血管系统用药的适应证和使用方法	（6）心血管系统用药	3）抗心律失常药 ①抗心律失常药分类及代表药 ②常用药物普萘洛尔等的商品名或别名、适应证及使用方法 4）抗高血压药 ①高血压概述及抗高血压药的分类 ②常用药物卡托普利、缬沙坦、苯磺酸氨氯地平、尼群地平、吲达帕胺、氯沙坦钾氢氯噻嗪、缬沙坦氢氯噻嗪片等的商品名或别名、适应证及使用方法 5）降血脂药 ①高血脂症概述及降血脂药的分类和代表药 ②常用药物辛伐他汀等的商品名或别名、适应证及使用方法	（2）重点与难点：常用药物的适应证和使用方法	
		2-2-7 能进行内分泌系统用药的药品介绍	（1）独立完成顾客接待 （2）介绍常用内分泌系统用药的适应证和使用方法	（7）内分泌系统用药	1）口服降糖药分类及代表药 2）常用药物二甲双胍、格列本脲、阿卡波糖等的商品名或别名、适应证及使用方法	（1）方法：讲授法、情景表演法 （2）重点与难点：常用药物的适应证和使用方法	10
		2-2-8 能进行泌尿系统用药的药品介绍	（1）独立完成顾客接待 （2）介绍常用泌尿系统用药的适应证和使用方法	（8）泌尿系统用药	1）利尿剂 ①利尿剂概述（分类、临床应用及代表药） ②常用药物氢氯噻嗪等的商品名或别名、适应证及使用方法 2）良性前列腺增生用药 良性前列腺增生的表现及常用代表药	（1）方法：讲授法、情景表演法 （2）重点与难点：常用药物的适应证和使用方法	10

续表

2.1.2 五级/初级职业技能培训要求				2.2.2 五级/初级职业技能培训课程规范			
职业功能模块（模块）	培训内容（课程）	技能目标	培训细目	学习单元	课程内容	培训建议	课堂学时
2.药品介绍	2-2 常用药物的适应证和使用方法	2-2-9 能进行抗过敏药的药品介绍	(1) 独立完成顾客接待 (2) 介绍常用抗过敏药的适应证和使用方法	(9) 抗过敏药	1) 过敏反应概述及三代抗过敏药主要特点和代表药 2) 常用抗过敏药氯苯那敏、氯雷他定等的商品名或别名、适应证及使用方法	(1) 方法：讲授法、情景表演法 (2) 重点与难点：常用药物的适应证和使用方法	2
		2-2-10 能进行皮肤科及眼科用药的药品介绍	(1) 独立完成顾客接待 (2) 介绍常用皮肤科及眼科用药的适应证和使用方法	(10) 皮肤科及眼科用药	1) 皮肤科用药 ①皮肤病及常见外用治疗药概述 ②常用药物克霉唑、酮康唑、氢化可的松软膏、醋酸地塞米松软膏等的商品名或别名、适应证及使用方法 2) 眼科用药 ①眼科用药分类及代表药 ②常用药物氯霉素滴眼液、毛果芸香碱等的商品名或别名、适应证及使用方法	(1) 方法：讲授法、情景表演法 (2) 重点与难点：常用药物的适应证和使用方法	6
		2-2-11 能进行血液系统用药、维生素类药及抗寄生虫类药的药品介绍	(1) 独立完成顾客接待	(11) 其他类	1) 血液系统用药 ①血液系统用药的分类及代表药 ②常用药物硫酸亚铁、维生素B_{12}、叶酸、维生素K_1、氨甲苯酸、肝素、尿激酶、双嘧达莫等的商品名或别名、适应证及使用方法 2) 维生素类药 ①维生素的分类 ②常用药物维生素C、维生素D_3、维生素AD、维生素E等的商品名或别名、适应证及使用方法	(1) 方法：讲授法、情景表演法	6

续表

2.1.2 五级／初级职业技能培训要求				2.2.2 五级／初级职业技能培训课程规范			
职业功能模块（模块）	培训内容（课程）	技能目标	培训细目	学习单元	课程内容	培训建议	课堂学时
2.药品介绍	2-2 常用药物的适应证和使用方法	2-2-11 能进行血液系统用药、维生素类药及抗寄生虫类药的药品介绍	（2）介绍常用血液系统用药、维生素类药及抗寄生虫类药的适应证和使用方法	（11）其他类	3）抗寄生虫类药 ①抗疟药 <1>抗疟药分类及代表药 <2>常用药物氯喹、青蒿素、双氢青蒿素、伯氨喹等的商品名或别名、适应证及使用方法 ②抗阿米巴病药 常用药物甲硝唑、替硝唑等的商品名或别名、适应证及使用方法 ③驱肠虫药 常用药物阿苯达唑等的商品名或别名、适应证及使用方法	（2）重点与难点：常用药物的适应证和使用方法	
	2-3 药物的合理使用	2-3-1 能学会合理用药	（1）掌握合理用药的基本准则 （2）掌握特殊人群用药的注意事项	（1）合理用药	1）药物选择的基本准则 ①安全性 ②有效性 ③经济性 ④适当性 2）医药商品购销员在合理用药中的作用 3）特殊人群用药 ①老年人用药 ②儿童用药 ③妊娠期、哺乳期和月经期妇女用药 ④驾驶、操纵机器和高空作业者用药 ⑤肝功能不全的病人用药 ⑥肾功能不全的病人用药	（1）方法：讲授法、案例教学法 （2）重点与难点：特殊人群用药	6

续表

2.1.2 五级/初级职业技能培训要求				2.2.2 五级/初级职业技能培训课程规范			
职业功能模块（模块）	培训内容（课程）	技能目标	培训细目	学习单元	课程内容	培训建议	课堂学时
2. 药品介绍	2-3 药物的合理使用	2-3-2 能理解滥用药物的危害	（1）理解不合理应用抗生素的危害 （2）理解不合理应用解热镇痛抗炎药的危害 （3）理解不合理应用中药的危害 （4）理解不合理应用激素的危害	（2）滥用药物的危害	1）抗生素不合理应用的危害	（1）方法：讲授法、案例教学法 （2）重点与难点：抗生素不合理应用的危害	4
					2）解热镇痛抗炎药不合理应用的危害		
					3）中药不合理应用的危害		
					4）激素不合理应用的危害		
		2-3-3 能知道如何合理使用抗菌药物	（1）熟悉合理使用抗菌药物的要求 （2）解析不合理应用抗菌药物	（3）合理使用抗菌药物	1）明确诊断，合理选药	（1）方法：讲授法、案例教学法 （2）重点与难点：抗菌药物的合理联合用药	4
					2）根据患者的生理病理情况合理用药		
					3）必须严格控制预防性用药		
					4）尽量避免局部用药		
					5）合理联合用药		
3. 药品销售	3-1 销售准备	3-1-1 能按要求做好各项销售前的环境准备工作	按环境要求做好环境准备工作	（1）环境要求和环境准备	1）环境要求	（1）方法：讲授法、演示法、实训（练习）法 （2）重点与难点：环境的各项要求	2
					2）环境准备		
		3-1-2 能按照药品的各项规定做好销售前的物资准备工作	按照药品的各项规定做好物资准备工作	（2）物资准备	物资准备	（1）方法：讲授法、演示法、实训（练习）法 （2）重点与难点：物资准备的各项要求	2
		3-1-3 能按照要求做好销售前的各项人员准备工作	（1）按照要求做好人员的业务准备	（3）人员准备	1）人员的业务准备 ①熟悉疾病相关知识 ②熟悉所售药品的知识 ③做好卖场设计 ④搞好货架责任区 ⑤做好药品检验	（1）方法：讲授法、参观法、角色扮演法	4

续表

2.1.2 五级/初级职业技能培训要求				2.2.2 五级/初级职业技能培训课程规范			
职业功能模块（模块）	培训内容（课程）	技能目标	培训细目	学习单元	课程内容	培训建议	课堂学时
3．药品销售	3-1 销售准备	3-1-3 能按照要求做好销售前的各项人员准备工作	(2) 按照要求做好人员的登记工作	(3) 人员准备	2) 人员登记 ①人员档案齐全 ②人员档案内容翔实 ③人员花名册与档案内容保持一致 ④人员资质与岗位相称 ⑤人员资质符合《药品经营质量管理规范》（GSP）要求 ⑥填写药品从业人员基本情况登记表	(2) 重点与难点：人员的各项业务准备工作	
	3-2 销售实施	3-2-1 能了解顾客心理特点，完成药品的销售交易工作	(1) 正确分析顾客的购买心理变化 (2) 严格按照销售流程进行药品销售	(1) 药品销售	1) 顾客购买的心理变化 ①注意 ②兴趣 ③联想 ④欲望 ⑤比较 ⑥决定 ⑦行动 ⑧满足 2) 药品销售的过程 ①迎接顾客 ②询问顾客 ③用心倾听 ④把握销售要点 ⑤识别购买信号 ⑥促进成交 ⑦包装送客 ⑧整理柜台和环境	(1) 方法：讲授法、案例教学法、角色扮演法 (2) 重点与难点：药品销售流程	4
		3-2-2 能分清不同类型的票据，并按照要求正确地填写	(1) 对不同票据进行分类 (2) 按照票据填写要求写各类票据	(2) 票据填制	1) 票据的分类 ①购进票据 ②销售票据 ③发货传递票据 2) 票据填制要求	(1) 方法：讲授法、演示法、实训（练习）法 (2) 重点与难点：票据填制要求	4

续表

2.1.2 五级/初级职业技能培训要求				2.2.2 五级/初级职业技能培训课程规范			
职业功能模块（模块）	培训内容（课程）	技能目标	培训细目	学习单元	课程内容	培训建议	课堂学时
3. 药品销售	3-2 销售实施	3-2-3 能编制药品进销存日报表	(1) 熟知药品进销存日报表的组成内容 (2) 按照要求填写进销存日报表	(3) 销售结算	1) 药品进销存日报表的概念 2) 药品进销存日报表的作用 3) 填写进销存日报表的要求	(1) 方法：讲授法、演示法、实训（练习）法 (2) 重点与难点：填写进销存日报表的要求	4
	3-3 销售记录与售后管理	3-3-1 能按照不同类型的销售记录要求填写销售记录	(1) 按要求熟练填写各类药品销售记录 (2) 对销售记录进行有效管理	(1) 药品销售记录	1) 销售记录要求 ①内容由各岗人员如实填写 ②字迹清楚，内容完整 ③记录不得撕毁涂改 ④真实性、规范性、可追溯性 ⑤实行计算机录入数据、工号确认签名 2) 销售记录分类及要求 ①处方药销售记录 ②拆零药品记录 ③中药饮片销售记录 ④国家特殊管理要求的药品销售记录 3) 销售记录管理	(1) 方法：讲授法、演示法、实训（练习）法 (2) 重点与难点：按要求填写各类药品销售记录	10
		3-3-2 能收集顾客资料和投诉，并能收集信息，正确填写药品不良反应/事件报告表	(1) 做好顾客访问工作 (2) 按要求填写药品不良反应/事故报告表 (3) 按照规定要求进行药品召回工作 (4) 收集顾客异议	(2) 售后服务	1) 顾客访问 2) 药品不良反应监测要求及操作 3) 药品召回 ①召回分级 ②召回工作开展 4) 顾客投诉 ①顾客投诉的概念 ②顾客投诉的类型 ③顾客投诉的意义	(1) 方法：讲授法、案例教学法、实物示教法 (2) 重点与难点：填写药品不良反应/事件报告表	6

续表

2.1.2 五级/初级职业技能培训要求				2.2.2 五级/初级职业技能培训课程规范			
职业功能模块（模块）	培训内容（课程）	技能目标	培训细目	学习单元	课程内容	培训建议	课堂学时
4.药品陈列与保管	4-1 药品分类陈列	能掌握药品陈列相关要求	(1) 掌握药品配置的依据与要求 (2) 掌握药品陈列的原则、目标与技巧 (3) 按要求陈列药品	(1) 药品的配置	1) 药品配备的依据 ①位置商圈 ②目标消费群体 ③经营规模 2) 药品放置要求	(1) 方法：讲授法、演示法、实训（练习）法 (2) 重点与难点：药品放置要求	4
				(2) 药品的陈列	1) 药品陈列的原则 2) 药品陈列的形式 3) 药品陈列的技巧 4) 药品陈列的分类	(1) 方法：讲授法、演示法、实训（练习）法 (2) 重点与难点：药品陈列的技巧	16
	4-2 药品的保管与养护	能掌握药品保管与养护的基础知识，按药品性质保管、养护药品，做好温湿度记录	(1) 掌握影响药品质量的因素 (2) 熟悉化学制剂与中成药及常见易变质剂型的养护特点	(1) 影响药品质量的因素	1) 影响药品质量的内在因素 2) 影响药品质量的外在因素	(1) 方法：讲授法、演示法、实训（练习）法 (2) 重点与难点：影响药品质量的因素	4
				(2) 化学制剂（西药）的养护	1) 药品分类存放 2) 光敏性药品养护要求 3) 易潮解和吸湿药品的养护要求 4) 易燃、易爆药品养护要求 5) 麻醉药品和一类精神药品养护要求 6) 医疗用毒性药品养护 7) 效期药品的保管 8) 退货和不合格药品的保管	(1) 方法：讲授法、演示法、实训（练习）法 (2) 重点与难点：药品分类存放	6

续表

2.1.2 五级／初级职业技能培训要求				2.2.2 五级／初级职业技能培训课程规范			
职业功能模块（模块）	培训内容（课程）	技能目标	培训细目	学习单元	课程内容	培训建议	课堂学时
4．药品陈列与保管	4-2 药品的保管与养护	能掌握药品保管与养护的基础知识，按药品性质保管、养护药品，做好温湿度记录	（3）掌握药品养护的基本要求 （4）掌握温湿度自动监测系统的组成及功能要求	（3）中成药的养护	1）根据原料和剂型保管 2）根据变质类型保管	（1）方法：讲授法、演示法、实训（练习）法 （2）重点与难点：中成药的养护	4
				（4）常见易变质剂型的养护	1）性质不稳定药品的保管原则 2）常见易变质药品剂型的储存养护	（1）方法：讲授法、演示法、实训（练习）法 （2）重点与难点：常见易变质剂型的养护	2
				（5）药品养护的基本要求	1）药品养护的原则 2）药品养护工作内容 3）重点品种养护 4）特殊管理药品的保管方法 5）填写养护记录	（1）方法：讲授法、演示法、实训（练习）法 （2）重点与难点：重点品种养护	2
				（6）温湿度自动监测系统	1）温湿度监测系统组成 2）温湿度记录频率及报警 3）测点的安装 4）温湿度记录的生成及项目 5）温湿度系统验证	（1）方法：讲授法、演示法、实训（练习）法 （2）重点与难点：温湿度监测系统组成及功能要求	4
课堂学时合计							210

附录

附录3 四级/中级职业技能培训要求与课程规范对照表

2.1.3 四级/中级职业技能培训要求				2.2.3 四级/中级职业技能培训课程规范			
职业功能模块（模块）	培训内容（课程）	技能目标	培训细目	学习单元	课程内容	培训建议	课堂学时
1. 顾客服务	1-1 接待顾客咨询	1-1-1 能正确按照咨询顾客的不同类型，接待顾客咨询	（1）掌握顾客咨询的主要内容 （2）熟练使用接待顾客咨询的技巧	（1）咨询接待	1）顾客查询的内容 ①疾病用药查询 ②医药商品质量咨询 ③购销业务查询 2）顾客咨询的基本类型 ①现场咨询 ②来电咨询 ③网络咨询 3）接待顾客咨询的意义 ①树立企业品牌形象 ②提高企业竞争力 ③提高购销员素质 ④延伸医药商品的价值 4）接待顾客咨询的技巧 ①根据顾客心理区别对待 ②处理异议 ③努力成交	（1）方法：讲授法、演示法、实训（练习）法 （2）重点与难点：接待顾客咨询的技巧	1
		1-1-2 能按照咨询查询处理流程进行答复并记录	（1）掌握台账的登记方法 （2）按照处理流程进行答复 （3）按照要求对顾客查询处理进行记录	（2）咨询查询程序及记录	1）登记台账 2）处理流程 ①倾听顾客咨询 ②重复顾客咨询问题的大致内容 ③尊重顾客的意见 ④回答问题要抓住重点 ⑤圆满处理顾客异议 3）记录	（1）方法：讲授法、演示法、实训（练习）法 （2）重点与难点：顾客异议处理流程	1

四级／中级职业技能培训要求与课程规范对照表

续表

2.1.3 四级／中级职业技能培训要求				2.2.3 四级／中级职业技能培训课程规范			
职业功能模块（模块）	培训内容（课程）	技能目标	培训细目	学习单元	课程内容	培训建议	课堂学时
1．顾客服务	1-2 处理顾客投诉	1-2-1 能按要求处理各类顾客投诉	掌握顾客投诉的不同类型特点	(1) 顾客投诉的类型	1) 医药商品投诉 ①商品质量问题 ②商品价格问题 ③商品不齐全 ④商品陈列位置不当 ⑤药品不良反应 2) 服务投诉 ①服务态度问题 ②专业服务问题 ③便民服务问题 ④促销服务问题 ⑤会员服务问题 ⑥售后服务不当 3) 环境安全性投诉	(1) 方法：讲授法、案例教学法、角色扮演法 (2) 重点与难点：顾客投诉的不同类型	1
		1-2-2 能按照顾客投诉处理的步骤进行问题处理	(1) 掌握顾客投诉的基本原则 (2) 按照处理步骤进行问题处理	(2) 顾客投诉处理的原则和步骤	1) 顾客投诉处理的基本原则 ①独立性原则 ②及时准确原则 ③客观真实性原则 ④协调合理性原则 2) 顾客投诉处理的步骤 ①顾客现场投诉处理流程 ②顾客电话投诉处理流程 3) 顾客投诉处理过程中的注意事项	(1) 方法：讲授法、演示法、观摩法 (2) 重点与难点：顾客投诉处理的步骤	1
		1-2-3 能按照处理投诉的规范用语和禁语，以及交谈原则接受顾客投诉	(1) 掌握处理投诉的规范用语和禁语 (2) 掌握接受投诉时的交谈原则	(3) 接受顾客投诉时的交谈原则	1) 处理投诉的规范用语和禁语 2) 接受顾客投诉时的交谈原则	(1) 方法：讲授法、演示法、实训（练习）法 (2) 重点与难点：接受顾客投诉时的交谈原则	1
		1-2-4 能掌握处理顾客投诉的不同技巧	妥善处理顾客不同的投诉	(4) 处理顾客投诉的技巧	1) 从倾听开始 2) 认同顾客的感受 3) 表示愿意提供帮助	(1) 方法：讲授法、演示法、角色扮演法	1

续表

2.1.3 四级/中级职业技能培训要求				2.2.3 四级/中级职业技能培训课程规范			
职业功能模块（模块）	培训内容（课程）	技能目标	培训细目	学习单元	课程内容	培训建议	课堂学时
1. 顾客服务	1-2 处理顾客投诉	1-2-4 能掌握处理顾客投诉的不同技巧	妥善处理顾客不同的投诉	（4）处理顾客投诉的技巧	4）针对不同顾客，解决问题 ①为顾客提供选择 ②诚实向顾客承诺 ③适当给顾客补偿	（2）重点与难点：处理顾客投诉的技巧	
		1-2-5 能按照退换货处理原则，进行退换货处理工作	（1）掌握退换货的处理原则 （2）按照退换货的服务标准进行工作	（5）退换货处理原则与服务标准	1）退换货处理原则 2）退换货服务标准 ①标准用语 ②服务要领	（1）方法：讲授法、观摩法、角色扮演法 （2）重点与难点：退换货服务标准	1
		1-2-6 能按照退换货的工作流程，进行退换货工作	（1）掌握零售企业的退换货流程和注意事项 （2）掌握批发企业的退换货流程和注意事项	（6）退换货工作流程	1）零售企业的退换货流程和注意事项 2）批发企业退换货流程和注意事项	（1）方法：讲授法、演示法 （2）重点与难点：退换货工作流程内容	1
2. 药品介绍	2-1 常见病基础知识	2-1-1 能根据感冒患者的临床表现进行疾病分型，并推荐合理的药品	（1）对流行性感冒患者进行问病荐药及简单的用药指导	（1）感冒	1）流行性感冒 ①临床表现：单纯型流感、肺炎型流感、中毒型流感、胃肠型流感 ②诊断与鉴别：血常规检查、与普通感冒区分的鉴别、与流行性脑脊髓膜炎区分的鉴别、与其他疾病区分的鉴别 ③治疗原则：一般治疗、抗病毒药物治疗 2）普通感冒 ①临床表现：鼻部症状、全身症状、咽喉症状	（1）方法：讲授法、案例教学法、情景表演法	3

续表

2.1.3 四级/中级职业技能培训要求				2.2.3 四级/中级职业技能培训课程规范			
职业功能模块（模块）	培训内容（课程）	技能目标	培训细目	学习单元	课程内容	培训建议	课堂学时
2．药品介绍	2-1 常见病基础知识	2-1-1 能根据感冒患者的临床表现进行疾病分型，并推荐合理的药品	（2）对普通感冒患者进行问病荐药及简单的用药指导	（1）感冒	②诊断与鉴别：血常规检查、与过敏性鼻炎区分的鉴别、与流行性感冒区分的鉴别、与其他急性传染疾病区分的鉴别 ③治疗原则：一般治疗、对症治疗、诱因治疗、中药治疗	（2）重点与难点：感冒的分型、鉴别诊断及合理药物推荐	
		2-1-2 能根据胃炎患者的临床表现进行疾病分型，并推荐合理的药品	（1）对急性单纯性胃炎患者进行问病荐药及简单的用药指导 （2）对急性糜烂性胃炎患者进行问病荐药及简单的用药指导 （3）对慢性胃炎患者进行问病荐药及简单的用药指导	（2）胃炎	1）急性单纯性胃炎 ①临床表现 ②诊断与鉴别：血常规及大便常规检查、与其他疾病区分的鉴别 ③治疗原则：一般治疗、对症治疗、抗感染治疗 2）急性糜烂性胃炎 ①临床表现 ②诊断与鉴别 ③治疗原则：一般治疗、药物治疗 3）慢性胃炎 ①临床表现 ②诊断与鉴别 ③治疗原则：一般治疗、对症治疗	（1）方法：讲授法、案例教学法、情景表演法 （2）重点与难点：胃炎的分型、鉴别诊断及合理药物推荐	3
		2-1-3 能根据尿路感染患者的临床表现进行疾病分型，并推荐合理的药品	（1）对急性肾盂肾炎患者进行问病荐药及简单的用药指导 （2）对急性膀胱炎患者进行问病荐药及简单的用药指导	（3）尿路感染	1）急性肾盂肾炎 ①临床表现 ②诊断与鉴别 ③治疗原则：一般治疗、抗菌药物治疗 2）急性膀胱炎 ①临床表现 ②诊断与鉴别 ③治疗原则：一般治疗、对症治疗、抗菌治疗	（1）方法：讲授法、案例教学法、情景表演法 （2）重点与难点：尿路感染的分型、鉴别诊断及合理药物推荐	3

续表

2.1.3 四级/中级职业技能培训要求				2.2.3 四级/中级职业技能培训课程规范			
职业功能模块（模块）	培训内容（课程）	技能目标	培训细目	学习单元	课程内容	培训建议	课堂学时
2. 药品介绍	2-1 常见病基础知识	2-1-4 能根据支气管炎患者的临床表现进行疾病分型，并推荐合理的药品	（1）对急性支气管炎患者进行问病荐药及简单的用药指导 （2）对慢性支气管炎患者进行问病荐药及简单的用药指导	（4）支气管炎	1）急性支气管炎 ①临床表现 ②诊断与鉴别 ③治疗原则：一般治疗、对症治疗 2）慢性支气管炎 ①临床表现 ②诊断与鉴别 ③治疗原则：一般治疗、急性发作期及慢性迁徙期的治疗	（1）方法：讲授法、案例教学法、情景表演法 （2）重点与难点：支气管炎的分型、鉴别诊断及合理药物推荐	3
		2-1-5 能根据大叶性肺炎患者的临床表现进行疾病诊断，并推荐合理的药品	（1）对大叶性肺炎患者进行疾病诊断与分析 （2）针对大叶性肺炎患者给出治疗建议，推荐合适的抗菌药物	（5）大叶性肺炎	1）临床表现：病原菌、诱因、疾病症状、体征 2）诊断与鉴别 ①诊断 ②与其他疾病区分的鉴别 3）治疗原则 ①一般治疗 ②对症治疗 ③抗菌药物治疗	（1）方法：讲授法、案例教学法、情景表演法 （2）重点与难点：大叶性肺炎的诊断及合理药物推荐	3
		2-1-6 能根据过敏性鼻炎患者的临床表现进行疾病诊断，并推荐合理的药品	（1）对过敏性鼻炎患者进行疾病诊断与分析 （2）针对过敏性鼻炎患者给出治疗建议，推荐合适的药物	（6）过敏性鼻炎	1）临床表现：并发症、诱因、过敏性鼻炎常见的四大症状 2）诊断与鉴别 ①诊断 ②与其他疾病区分的鉴别 3）治疗原则 ①一般治疗 ②药物治疗 ③其他治疗	（1）方法：讲授法、案例教学法、情景表演法 （2）重点与难点：过敏性鼻炎的诊断及合理药物推荐	3
		2-1-7 能根据消化不良患者的临床表现进行疾病诊断，并推荐合理的药品	（1）对消化不良患者进行疾病诊断与分析	（7）消化不良	1）临床表现：疾病症状、并发症	（1）方法：讲授法、案例教学法、情景表演法	3

续表

2.1.3 四级/中级职业技能培训要求				2.2.3 四级/中级职业技能培训课程规范			
职业功能模块（模块）	培训内容（课程）	技能目标	培训细目	学习单元	课程内容	培训建议	课堂学时
2. 药品介绍	2-1 常见病基础知识	2-1-7 能根据消化不良患者的临床表现进行疾病诊断，并推荐合理的药品	（2）针对消化不良患者给出治疗建议，推荐合适的药物	（7）消化不良	2）诊断与鉴别 ①诊断 ②与其他疾病区分的鉴别 3）治疗原则 ①一般治疗 ②药物治疗	（2）重点与难点：消化不良的诊断及合理药物推荐	
		2-1-8 能根据支气管哮喘患者的临床表现进行疾病诊断，并推荐合理的药品	（1）对支气管哮喘患者进行疾病诊断与分析 （2）针对支气管哮喘患者给出治疗建议，推荐合适的药物	（8）支气管哮喘	1）临床表现：疾病症状、体征 2）诊断与鉴别 ①诊断 ②与其他疾病区分的鉴别 3）治疗原则 ①一般治疗 ②药物治疗	（1）方法：讲授法、案例教学法、情景表演法 （2）重点与难点：支气管哮喘的诊断及合理药物推荐	3
	2-2 常见药品的作用、用途、不良反应及注意事项	2-2-1 能进行抗微生物药物与抗寄生虫药物的问病荐药及用药指导	（1）掌握常见抗微生物药物与抗寄生虫药物的药理作用和临床应用，指导顾客购买药物	（1）抗微生物与寄生虫用药	1）青霉素类药物 ①常见代表药物：青霉素、氨苄西林、阿莫西林、阿莫西林-克拉维酸钾 ②青霉素的药理作用、临床应用、不良反应、注意事项及药物相互作用 2）头孢菌素类药物 ①四代头孢菌素药物各自的特点（抗菌谱、对β-内酰胺酶稳定性、肾毒性） ②常见代表药物：第一代：头孢氨苄、头孢拉定；第三代：头孢噻肟 3）氨基糖苷类药物 ①氨基糖苷类药物概述（抗菌谱、毒性反应）	（1）方法：讲授法、情景表演法	8

149

续表

2.1.3 四级/中级职业技能培训要求				2.2.3 四级/中级职业技能培训课程规范			
职业功能模块（模块）	培训内容（课程）	技能目标	培训细目	学习单元	课程内容	培训建议	课堂学时
2.药品介绍	2-2 常见药品的作用、用途、不良反应及注意事项	2-2-1 能进行抗微生物药物与抗寄生虫药物的问病荐药及用药指导	（2）基本掌握常见抗微生物药物与抗寄生虫药物的不良反应和注意事项，对顾客进行正确的用药指导	（1）抗微生物与寄生虫用药	②常见代表药物：庆大霉素、阿米卡星 ③庆大霉素的药理作用、临床应用、不良反应、注意事项及药物相互作用 4）大环内酯类药物 ①大环内酯类药物概述（抗菌谱、临床用途、主要不良反应） ②常见代表药物：红霉素、阿奇霉素、克拉霉素、罗红霉素、乙酰螺旋霉素 ③红霉素的药理作用、临床应用、不良反应、注意事项及药物相互作用 5）其他抗生素 ①常见分类及代表药：多肽类的万古霉素、去甲万古霉素、多黏菌素，林可霉素类的克林霉素、林可霉素，其他类的磷霉素 ②克林霉素的药理作用、临床应用、不良反应、注意事项及药物相互作用 6）磺胺类药物 ①磺胺类药物概述（分类、临床用途、主要不良反应） ②常见代表药物：复方磺胺甲噁唑 7）喹诺酮类药物 ①喹诺酮类药物概述（抗菌谱、临床用途、常见不良反应）	（2）重点与难点：常见代表药物的不良反应与注意事项	

续表

2.1.3 四级/中级职业技能培训要求					2.2.3 四级/中级职业技能培训课程规范			
职业功能模块（模块）	培训内容（课程）	技能目标	培训细目	学习单元	课程内容	培训建议	课堂学时
2. 药品介绍	2-2 常见药品的作用、用途、不良反应及注意事项	2-2-1 能进行抗微生物药物与抗寄生虫药物的问病荐药及用药指导	(2) 基本掌握常见抗微生物药物与抗寄生虫药物的不良反应和注意事项，对顾客进行正确的用药指导	(1) 抗微生物与寄生虫用药	②常见代表药物：诺氟沙星、环丙沙星、氧氟沙星、左氧氟沙星		
					8) 抗结核病药 ①抗结核病药概述（一线药物品种、常见不良反应、临床应用原则及注意事项） ②异烟肼、利福平的药理作用、临床应用、不良反应、注意事项及药物相互作用		
					9) 抗真菌药 ①抗真菌药概述（临床用途、毒性） ②常见代表药物：氟康唑		
					10) 抗病毒药 ①抗病毒药概述（分类、常见不良反应） ②常见代表药物：阿昔洛韦、利巴韦林 ③阿昔洛韦的药理作用、临床应用、不良反应、注意事项及药物相互作用		
					11) 抗寄生虫病药 ①抗疟药分类及代表药物（氯喹、青蒿素及其衍生物、伯氨喹） ②抗阿米巴病药代表药物：甲硝唑、替硝唑 ③驱肠虫药代表药物：阿苯达唑、左旋咪唑、哌嗪		

续表

2.1.3 四级/中级职业技能培训要求				2.2.3 四级/中级职业技能培训课程规范			
职业功能模块（模块）	培训内容（课程）	技能目标	培训细目	学习单元	课程内容	培训建议	课堂学时
2. 药品介绍	2-2 常见药品的作用、用途、不良反应及注意事项	2-2-2 能进行解热镇痛抗炎药的问病荐药及用药指导	(1) 掌握常见解热镇痛抗炎药的药理作用和临床应用，指导顾客购买药物 (2) 基本掌握常见解热镇痛抗炎药的不良反应和注意事项，对顾客进行正确的用药指导	(2) 解热镇痛抗炎药	1) 解热镇痛抗炎药的种类及作用特点 2) 常见解热镇痛抗炎药代表药物：阿司匹林、对乙酰氨基酚、布洛芬、吲哚美辛、双氯芬酸、萘普生、复方氨酚烷胺、小儿氨酚黄那敏 3) 阿司匹林、复方氨酚烷胺的药理作用、临床应用、不良反应、注意事项及药物相互作用	(1) 方法：讲授法、情景表演法 (2) 重点与难点：常见代表药物的不良反应与注意事项	6
		2-2-3 能进行神经系统及精神障碍用药的问病荐药及用药指导	(1) 掌握常见神经系统及精神障碍用药的药理作用和临床应用，指导顾客购买药物 (2) 基本掌握常见神经系统及精神障碍用药的不良反应和注意事项，对顾客进行正确的用药指导	(3) 神经系统及精神障碍用药	1) 抗帕金森病药 ①抗帕金森病药分类 ②常见代表药物：金刚烷胺、苯海索 ③金刚烷胺的药理作用、临床应用、不良反应、注意事项及药物相互作用 2) 镇静催眠药 ①镇静催眠药概述（分类、作用、常见不良反应） ②地西泮的药理作用、临床应用、不良反应、注意事项及药物相互作用 3) 治疗精神障碍药 ①抗精神病药的分类、代表药、作用特点 ②抗焦虑药的分类、代表药、常见不良反应及注意事项 ③抗抑郁药的分类、代表药、常见不良反应及注意事项 4) 其他 吡拉西坦、氟桂利嗪的作用、用途及不良反应	(1) 方法：讲授法、情景表演法 (2) 重点与难点：常见代表药物的不良反应与注意事项	6

续表

2.1.3 四级/中级职业技能培训要求				2.2.3 四级/中级职业技能培训课程规范			
职业功能模块（模块）	培训内容（课程）	技能目标	培训细目	学习单元	课程内容	培训建议	课堂学时
2. 药品介绍	2-2 常见药品的作用、用途、不良反应及注意事项	2-2-4 能进行心血管系统用药的问病荐药及用药指导	（1）掌握常见心血管系统用药的药理作用和临床应用，指导顾客购买药物 （2）基本掌握常见心血管系统用药的不良反应和注意事项，对顾客进行正确的用药指导	（4）心血管系统用药	1）抗心绞痛药 ①抗心绞痛药的分类及代表药 ②常见代表药物：硝酸甘油、硝苯地平 ③硝酸甘油的药理作用、临床应用、不良反应、注意事项及药物相互作用	（1）方法：讲授法、情景表演法 （2）重点与难点：常见代表药物的不良反应与注意事项	6
					2）抗心律失常药 ①抗心律失常药的分类、各类别代表药及用途 ②抗心律失常药的严重不良反应及注意事项		
					3）抗心力衰竭药 ①抗心力衰竭药分类 ②强心苷类常用代表药、主要不良反应及注意事项		
					4）抗高血压药 ①抗高血压药分类 ②常见代表药物：卡托普利、尼群地平、吲达帕胺、缬沙坦 ③卡托普利的药理作用、临床应用、不良反应、注意事项及药物相互作用		
					5）调脂及抗动脉粥样硬化药 ①调血脂药分类 ②辛伐他汀的药理作用、临床应用、不良反应、注意事项及药物相互作用		

续表

2.1.3 四级／中级职业技能培训要求				2.2.3 四级／中级职业技能培训课程规范			
职业功能模块（模块）	培训内容（课程）	技能目标	培训细目	学习单元	课程内容	培训建议	课堂学时
2．药品介绍	2-2 常见药品的作用、用途、不良反应及注意事项	2-2-5 能进行呼吸系统用药的问病荐药及用药指导	（1）掌握常见呼吸系统用药的药理作用和临床应用，指导顾客购买药物 （2）基本掌握常见呼吸系统用药的不良反应和注意事项，对顾客进行正确的用药指导	（5）呼吸系统用药	1）镇咳药 ①镇咳药的分类及代表药 ②常见代表药物：喷托维林 2）祛痰药 ①祛痰药的分类及代表药 ②常见代表药物：溴己新、氨溴索、羧甲司坦 3）平喘药 ①平喘药的分类 ②常见代表药物：沙丁胺醇、氨茶碱	（1）方法：讲授法、情景表演法 （2）重点与难点：常见代表药物的不良反应与注意事项	6
		2-2-6 能进行消化系统用药的问病荐药及用药指导	（1）掌握常见消化系统用药的药理作用和临床应用，指导顾客购买药物	（6）消化系统用药	1）抗消化性溃疡药 ①抗消化性溃疡药的分类 ②常见代表药物：复方氢氧化铝、西咪替丁、雷尼替丁、奥美拉唑 ③复方氢氧化铝、西咪替丁的药理作用、临床应用、不良反应、注意事项及药物相互作用 2）助消化药 常见代表药物：乳酶生、多酶片 3）胃肠解痉药及胃动力药 ①胃肠解痉药及胃动力药分类 ②常见代表药物：多潘立酮、甲氧氯普胺	（1）方法：讲授法、情景表演法	8

续表

2.1.3 四级/中级职业技能培训要求				2.2.3 四级/中级职业技能培训课程规范			
职业功能模块（模块）	培训内容（课程）	技能目标	培训细目	学习单元	课程内容	培训建议	课堂学时
2. 药品介绍	2-2 常见药品的作用、用途、不良反应及注意事项	2-2-6 能进行消化系统用药的问病荐药及用药指导	（2）基本掌握常见消化系统用药的不良反应和注意事项，对顾客进行正确的用药指导	（6）消化系统用药	4）泻药及止泻药 ①泻药及止泻药的分类 ②常见泻药代表药物乳果糖，常见止泻药代表药物蒙脱石 5）其他 小檗碱的用途、不良反应及注意事项	（2）重点与难点：常见代表药物的不良反应与注意事项	
		2-2-7 能进行泌尿系统用药的问病荐药及用药指导	（1）掌握常见泌尿系统用药的药理作用和临床应用，指导顾客购买药物 （2）基本掌握常见泌尿系统用药的不良反应和注意事项，对顾客进行正确的用药指导	（7）泌尿系统用药	1）利尿药概述（分类、作用部位、作用强度、常见代表药物） 2）氢氯噻嗪的药理作用、临床应用、不良反应、注意事项及药物相互作用	（1）方法：讲授法、情景表演法 （2）重点与难点：常见代表药物的不良反应与注意事项	8
		2-2-8 能进行血液系统用药的问病荐药及用药指导	（1）掌握常见血液系统用药的药理作用和临床应用，指导顾客购买药物 （2）基本掌握常见血液系统用药的不良反应和注意事项，对顾客进行正确的用药指导	（8）血液系统用药	1）抗贫血药 ①贫血类型及对应抗贫血药 ②常见代表药物：硫酸亚铁、维生素B_{12}、叶酸 2）抗血小板药 抗血小板药分类、代表药、用途及不良反应 3）促凝血药 常见代表药物：维生素K_1、氨甲苯酸 4）抗凝血药及溶栓药 常见代表药物：肝素、尿激酶	（1）方法：讲授法、情景表演法 （2）重点与难点：常见代表药物的不良反应与注意事项	6

续表

2.1.3 四级/中级职业技能培训要求				2.2.3 四级/中级职业技能培训课程规范			
职业功能模块（模块）	培训内容（课程）	技能目标	培训细目	学习单元	课程内容	培训建议	课堂学时
2. 药品介绍	2-2 常见药品的作用、用途、不良反应及注意事项	2-2-9 能进行内分泌系统用药的问病荐药及用药指导	（1）掌握常见内分泌系统用药的药理作用和临床应用，指导顾客购买药物 （2）基本掌握常见内分泌系统用药的不良反应和注意事项，对顾客进行正确的用药指导	（9）内分泌系统用药	1）常见内分泌系统用药 ①口服降血糖药的分类 ②甲亢、甲减常用药物 2）二甲双胍、格列本脲、阿卡波糖、左甲状腺素钠、甲巯咪唑等的药理作用、临床用途、常见不良反应及注意事项	（1）方法：讲授法、情景表演法 （2）重点与难点：常见代表药物的不良反应与注意事项	6
		2-2-10 能进行抗变态反应药、维生素类药、皮肤科用药及眼科用药的问病荐药及用药指导	（1）掌握常见抗变态反应药、维生素类药、皮肤科用药及眼科用药的药理作用和临床应用，指导顾客购买药物 （2）基本掌握常见抗变态反应药、维生素类药、皮肤科用药及眼科用药的不良反应和注意事项，对顾客进行正确的用药指导	（10）其他	1）抗变态反应药 ①抗变态反应药概述（分类、作用特点、代表药、临床应用注意事项） ②常见代表药物：氯苯那敏、氯雷他定等 2）维生素类药物 常见代表药物：维生素C、维生素D_3、维生素AD、维生素E等 3）皮肤科用药 ①常见代表药物：克霉唑、酮康唑、地塞米松、氢化可的松等 ②地塞米松的药理作用、临床应用、不良反应及注意事项 4）眼科用药 ①抗感染药概述（常见代表药、主要不良反应、用药注意事项） ②青光眼用药概述（分类及代表药、主要不良反应、用药注意事项）	（1）方法：讲授法、情景表演法 （2）重点与难点：常见代表药物的不良反应与注意事项	8

续表

2.1.3 四级/中级职业技能培训要求				2.2.3 四级/中级职业技能培训课程规范			
职业功能模块（模块）	培训内容（课程）	技能目标	培训细目	学习单元	课程内容	培训建议	课堂学时
2. 药品介绍	2-3 处方及处方调配	2-3-1 能理解处方的含义和分类	（1）理解处方的含义 （2）理解处方的分类	（1）处方的含义与分类	1）处方的含义 ①处方的定义 ②处方的法律性、技术性和经济性的意义 2）处方的分类 ①按处方性质分类 ②根据药事管理法规分类（特殊管理药品处方、普通药品处方） ③各种药品处方颜色与标注	（1）方法：讲授法、实训（练习）法 （2）重点与难点：处方的类别	2
		2-3-2 能掌握处方的结构和规则	（1）掌握处方的结构 （2）掌握处方制度及处方书写要求	（2）处方的结构与规则	1）处方的结构 ①处方的三个组成部分 ②处方各部分包含的内容 2）处方的规则 ①处方制度 ②处方书写要求	（1）方法：讲授法、实训（练习）法 （2）重点与难点：处方书写要求	2
		2-3-3 能看懂处方用语	看懂处方常用缩写词和常用剂型缩写词	（3）处方用语	1）处方常用缩写词 2）常用剂型缩写词	（1）方法：讲授法、实训（练习）法 （2）重点与难点：处方常用缩写词	2
		2-3-4 能进行处方审核和处方调配	（1）初步审核处方 （2）根据处方调配的程序进行正确的处方调配	（4）处方审核与调配	1）处方审核与调配的程序 2）处方审核与调配的注意事项	（1）方法：讲授法、实训（练习）法 （2）重点与难点：处方审核	2
3. 药品购销	3-1 购进药品	3-1-1 能审核首营资料	（1）审核首营企业资料	（1）首营审核	1）首营概述 ①首营企业、首营品种定义 ②首营企业、首营品种质量审核的作用	（1）方法：讲授法、演示法、实训（练习）法	6

续表

2.1.3 四级/中级职业技能培训要求				2.2.3 四级/中级职业技能培训课程规范			
职业功能模块（模块）	培训内容（课程）	技能目标	培训细目	学习单元	课程内容	培训建议	课堂学时
3．药品购销	3-1 购进药品	3-1-1 能审核首营资料	（2）审核首营品种资料	（1）首营审核	2）首营企业资料审核的内容 ①许可证 ②营业执照 ③相关印章、随货同行单（票）样式 ④开户户名、开户银行及账号 ⑤销售人员身份证复印件 ⑥销售人员的授权书 3）首营企业审核程序 ①采购员索取材料 ②填写"首营企业审批表" ③合法性审核审批 ④建立合格供货方档案 4）首营品种审核的内容 ①国产首营药品审核内容 ②进口首营药品审核内容 ③进口分装首营药品审核内容 ④进口中药材审核内容 5）首营品种审核程序 ①采购员索取材料 ②填写"首营品种审批表" ③合法性审核审批 ④建立药品质量档案	（2）重点与难点：首营企业资料审核的内容	

续表

2.1.3 四级/中级职业技能培训要求					2.2.3 四级/中级职业技能培训课程规范			
职业功能模块（模块）	培训内容（课程）	技能目标	培训细目	学习单元	课程内容	培训建议	课堂学时
3．药品购销	3-1 购进药品	3-1-2 能编制采购计划	（1）掌握采购品种的类型 （2）掌握药品采购类型 （3）掌握影响药品采购的因素 （4）制订采购计划	（2）编制采购计划	1）采购品种的类型 ①普药 ②新药 ③国家基本药物 ④首营品种 ⑤进口药品 ⑥特殊管理药品 ⑦中药饮片 2）药品采购类型 ①直接采购 ②首次采购 ③集中招标采购 ④代销 3）影响药品采购的因素 ①药品质量 ②供货企业质量保证能力 ③供货企业信誉 ④供需关系 ⑤价格因素 ⑥资金 ⑦国家法律法规和方针政策 4）采购计划概述 ①采购计划定义 ②采购计划的编制依据 5）采购计划制定的具体程序 ①采购人员拟定采购品种和采购数量 ②从合格供货方档案列表中确定合理供应商 ③录入采购计划单并审核	（1）方法：讲授法、演示法、模拟练习法 （2）重点与难点：采购计划编制的依据	4

续表

2.1.3 四级/中级职业技能培训要求				2.2.3 四级/中级职业技能培训课程规范			
职业功能模块（模块）	培训内容（课程）	技能目标	培训细目	学习单元	课程内容	培训建议	课堂学时
3．药品购销	3-1 购进药品	3-1-3 能签订采购合同	（1）对合同签订过程中的职责进行分工 （2）掌握签订采购合同的原则和要求 （3）掌握标准书面合同内容 （4）合同的管理	（3）签订采购合同	1）合同签订过程中的职责分工 ①采购部 ②质量管理部 ③财务部 2）签订采购合同的原则和要求 ①合同签订人的法定资格 ②合法原则 ③公平原则 ④诚实信用原则 3）标准书面合同内容 ①合同双方名称 ②药品信息、数量、价格 ③质量条款 ④交货日期、方式、地点 ⑤结算方式 ⑥违约责任 4）合同的管理 建立合同档案	（1）方法：讲授法、演示法、模拟练习法 （2）重点与难点：标准书面合同内容	3
		3-1-4 能选择供应商	供应商质量评审	（4）选择供应商	1）供应商的法定资格和质量保证能力 2）供货品种的合法性和质量可靠性 3）供应商配送能力和质量信誉 4）服务质量 5）供应商销售人员的合法资格	（1）方法：讲授法、演示法、实训（练习）法 （2）重点与难点：供应商的法定资格和质量保证能力评审	3
	3-2 销售药品	3-2-1 能签订销售合同	（1）销售合同的审核 （2）销售合同的签订	（1）销售合同的审核与签订	1）销售合同的审核 ①合同内容条款审核 ②合同签订人资格审核 ③合同签章合法性审核 2）销售合同签订注意事项	（1）方法：讲授法、演示法、实训（练习）法 （2）重点与难点：销售合同的审核	4

续表

2.1.3 四级/中级职业技能培训要求				2.2.3 四级/中级职业技能培训课程规范			
职业功能模块（模块）	培训内容（课程）	技能目标	培训细目	学习单元	课程内容	培训建议	课堂学时
3. 药品购销	3-2 销售药品	3-2-2 能审核客户资料、建立销售记录	（1）客户资料的收集与审核 （2）建立销售记录	（2）客户资料与销售记录	1）客户资料的收集与审核 ①客户资料的收集与补充 ②客户资料合法性审核 2）建立销售记录 ①销售记录的内容 ②销后退回记录的内容 ③销售记录的保存	（1）方法：讲授法、演示法、模拟练习法 （2）重点与难点：客户资料合法性审核	1
		3-2-3 能操作调价	调价单的维护与审核	（3）调价操作	1）调价单的维护 2）调价单的审核	（1）方法：讲授法、演示法 （2）重点与难点：调价单的维护	1
	3-3 药品招投标	能熟悉药品招投标工作	（1）熟悉药品招投标的基本概念，了解集中采购应遵循的原则及意义 （2）熟悉药品招投标的流程及注意事项 （3）了解当前主要的药品招标模式	（1）药品招投标的含义	1）药品招投标的基本概念 2）药品集中议价采购的含义 3）药品集中采购应遵循的原则 4）药品集中招标采购的意义	（1）方法：讲授法、演示法、模拟练习法 （2）重点与难点：药品集中采购应遵循的原则	1
				（2）药品招投标的流程	1）药品招投标的初期准备工作 2）投标所需的人员建设和资料收集 3）药品招投标的工作流程	（1）方法：讲授法、演示法、模拟练习法 （2）重点与难点：药品招投标的工作流程	1
				（3）当前药品招标模式	1）集中竞价模式 2）限价挂网模式 3）统筹模式 4）其他模式	（1）方法：讲授法、演示法、模拟练习法 （2）重点与难点：集中竞价模式	1

续表

2.1.3 四级/中级职业技能培训要求				2.2.3 四级/中级职业技能培训课程规范			
职业功能模块（模块）	培训内容（课程）	技能目标	培训细目	学习单元	课程内容	培训建议	课堂学时
4．药品保管与养护	4-1 药品的收货验收与养护	4-1-1 能正确操作药品收货和验收	(1) 正确进行药品收货 (2) 正确进行药品验收	(1) 药品收货	1) 收货概念与目的 2) 药品收货流程 ①一般药品收货 ②冷链药品收货 ③特殊管理药品收货 ④销后退回药品收货 3) 收货异常情况及处理 ①货单不符 ②资料不全 ③运输条件不符 ④外包装异常	(1) 方法：讲授法、讨论法、模拟练习法 (2) 重点与难点：收货异常情况及处理	2
				(2) 药品验收	1) 验收概念与目的 2) 药品验收类型 3) 药品验收要求 ①药品验收场所 ②待验药品验收时间 4) 药品验收流程 ①一般药品验收 ②冷链药品验收 ③特殊管理药品验收 ④销后退回药品验收 ⑤直调药品验收 5) 验收异常情况及处理 ①药品合格证明文件不全或与到货药品不符 ②包装、标签和说明书异常 ③药品质量状况异常	(1) 方法：讲授法、讨论法、模拟练习法 (2) 重点与难点：验收异常情况及处理	3

续表

职业功能模块（模块）	2.1.3 四级/中级职业技能培训要求			2.2.3 四级/中级职业技能培训课程规范			课堂学时
	培训内容（课程）	技能目标	培训细目	学习单元	课程内容	培训建议	
4. 药品保管与养护	4-1 药品的收货验收与养护	4-1-2 能进行药品效期管理	(1) 正确进行药品的效期管理 (2) 按时正确填报近效期药品催销表	(3) 药品的效期管理	1) 业务购销活动中药品的效期管理 2) 储存养护过程中药品的效期管理 3) 填报近效期药品催销表	(1) 方法：讲授法、演示法 (2) 重点与难点：填报近效期药品催销表	2
		4-1-3 能进行药品的检查与养护	正确进行在库药品的检查与养护	(4) 在库药品的检查和养护	1) 药品养护的概念 2) 影响药品质量的因素 3) 养护人员工作内容 ①日常工作 ②药品检查 ③汇总分析 4) 药品养护措施 ①温湿度自动监测系统 ②温湿度的调控 5) 养护异常情况处理	(1) 方法：讲授法、演示法 (2) 重点与难点：养护异常情况处理	4
	4-2 不合格药品及退货药品处理	4-2-1 能正确进行不合格药品确认	不合格药品确认	(1) 不合格药品识别方法	1) 检查包装、标签、说明书、合格证、专有标识质量情况 2) 检查批号、生产日期、有效期 3) 检查药品合格证明文件 4) 追溯码查询	(1) 方法：讲授法、演示法 (2) 重点与难点：不合格药品识别方法	2
		4-2-2 能正确处理不合格药品及退货药品	按照不合格药品处理程序正确处理不合格药品及退货药品	(2) 不合格药品及退货药品的处理	1) 不合格药品报损的处理流程 2) 销后退回药品的处理程序 3) 购进退出药品的处理程序	(1) 方法：讲授法、模拟练习法 (2) 重点与难点：不合格药品报损的处理程序	2

续表

2.1.3 四级/中级职业技能培训要求				2.2.3 四级/中级职业技能培训课程规范			
职业功能模块（模块）	培训内容（课程）	技能目标	培训细目	学习单元	课程内容	培训建议	课堂学时
5．经济核算	5-1 商业计算	5-1-1 能进行经济指标的计算	(1) 商品资金指标的计算 (2) 商品销售差错率指标的计算 (3) 商品费用指标的计算 (4) 商品利润指标的计算	(1) 经济指标的计算	1) 商品资金指标的计算 ①商品资金占用率指标的计算 ②商品资金周转指标的计算 2) 商品销售差错率指标的计算 3) 商品费用指标的计算 ①商品流通费用的计算 ②费用率指标的计算 4) 商品利润指标的计算 ①毛利 ②毛利率 ③销售扣率 ④销售税金 ⑤营业利润	(1) 方法：讲授法、演示法、实训（练习）法 (2) 重点与难点：商品利润指标的计算	2
		5-1-2 能掌握经济核算的目的和特征，熟悉柜组核算和记账	(1) 掌握经济核算的目的和特征 (2) 掌握柜组核算和记账	(2) 经济核算的目的和特征，柜组核算和记账	1) 经济核算的目的和特征 2) 柜组核算和记账 ①柜组核算的概念 ②会计的基础知识	(1) 方法：讲授法 (2) 重点与难点：柜组核算和记账	1
	5-2 商品盘点与结算	5-2-1 能掌握盘点与结算相关知识	(1) 掌握盘点的目的 (2) 掌握盘点的原则 (3) 掌握盘点的方法	(1) 盘点与结算相关知识	1) 盘点的目的 ①掌握与控制库存 ②了解医药企业商品的损溢状况 ③医药商品结构的调整 ④了解医药商品效期情况 2) 盘点的原则 ①实地盘点原则 ②售价盘点原则 3) 盘点的方法 ①全盘 ②局盘	(1) 方法：讲授法、讨论法 (2) 重点与难点：盘点的原则	1

续表

2.1.3 四级／中级职业技能培训要求				2.2.3 四级／中级职业技能培训课程规范			
职业功能模块（模块）	培训内容（课程）	技能目标	培训细目	学习单元	课程内容	培训建议	课堂学时
5．经济核算	5-2 商品盘点与结算	5-2-1 能掌握盘点与结算相关知识	（4）掌握盘点制度 （5）掌握结算操作	（1）盘点与结算相关知识	4）盘点制度 5）结算操作 ①对账 ②结账	（1）方法：讲授法 （2）重点与难点：盘点的操作步骤	1
		5-2-2 能正确进行库存盘点	（1）掌握商业盘点操作流程 （2）掌握商业盘点操作步骤 （3）掌握盘点人员方面的注意事项 （4）掌握盘点商品方面的注意事项 （5）掌握盘点结果方面的注意事项	（2）医药商品的盘点操作流程、步骤及盘点作业的注意事项	1）商业盘点的操作流程 2）商业盘点的操作步骤 ①盘点前的准备 ②盘点中的操作 ③盘点后的处理 3）盘点人员方面注意事项 4）盘点商品方面注意事项 5）盘点结果方面注意事项 ①防止盘点作弊 ②避免盘点的损耗		
	5-3 应收、应付结算	5-3-1 能熟悉客户的信用额度	（1）熟悉信用限额 （2）熟悉信用期限 （3）熟悉现金折扣 （4）熟悉可接受的支付方式	（1）客户的信用额度	1）信用限额 2）信用期限 3）现金折扣 4）可接受的支付方式	（1）方法：讲授法 （2）重点与难点：现金折扣	1
		5-3-2 能严格执行企业内部应收、应付账款的管理制度	（1）应收账款的管理 （2）应付账款的处理	（2）应收、应付账款的管理制度	1）应收账款的管理 ①应收账款追踪分析 ②应收账款账龄分析 ③应收账款坏账准备制度	（1）方法：讲授法、演示法	1

2.1.3 四级/中级职业技能培训要求				2.2.3 四级/中级职业技能培训课程规范			
职业功能模块（模块）	培训内容（课程）	技能目标	培训细目	学习单元	课程内容	培训建议	课堂学时
5. 经济核算	5-3 应收、应付结算	5-3-2 能严格执行企业内部应收、应付账款的管理制度	（3）了解应收、应付记录	（2）应收、应付账款的管理制度	2）应付账款的处理 ①采购和质量管理部门的相关制度 ②财务部门的相关制度 3）应收、应付记录 ①应收款系统 ②应付款系统	（2）重点与难点：应收账款的管理	
课堂学时合计							155

附录4 三级/高级职业技能培训要求与课程规范对照表

2.1.4 三级/高级职业技能培训要求				2.2.4 三级/高级职业技能培训课程规范			
职业功能模块（模块）	培训内容（课程）	技能目标	培训细目	学习单元	课程内容	培训建议	课堂学时
1. 药品介绍	1-1 常用药品	1-1-1 能详细介绍解热镇痛抗炎药的药理学特点，并结合患者具体情况推荐药品及进行用药指导	（1）熟练掌握几种常用解热镇痛抗炎药的作用机制、英文名称、体内过程、药品特点 （2）结合患者的具体情况，推荐合理的解热镇痛抗炎药，并进行药品介绍	（1）解热镇痛抗炎药	1）解热镇痛抗炎药作用机制概述 ①解热机制 ②镇痛机制 ③抗炎机制 2）常用药物的英文名、体内过程和特点：对乙酰氨基酚、阿司匹林、布洛芬、双氯芬酸、吲哚美辛、复方氨酚烷胺、小儿氨酚黄那敏 3）解热镇痛抗炎药物的选用 ①特殊人群的选用 ②用于镇痛 ③用于抗炎 ④剂量和疗程 ⑤心血管风险人群及胃肠道风险人群的选用	（1）方法：讲授法、讨论法、案例教学法、情景表演法 （2）重点与难点：解热镇痛抗炎药的作用机制、针对不同患者进行药品介绍	2

续表

2.1.4 三级/高级职业技能培训要求					2.2.4 三级/高级职业技能培训课程规范			
职业功能模块（模块）	培训内容（课程）	技能目标	培训细目	学习单元	课程内容	培训建议	课堂学时
1.药品介绍	1-1 常用药品	1-1-2 能详细介绍几种常见神经系统用药的药理学特点，并结合患者具体情况推荐药品及进行用药指导	(1) 熟练掌握几种常用神经系统用药的作用机制、英文名称、体内过程、药品特点 (2) 结合患者的具体情况，推荐合理的神经系统药物，并进行药品介绍	(2) 神经系统用药	1) 抗帕金森病药：金刚烷胺、苯海索 2) 镇静催眠药：①作用机制概述 ②常用药物地西泮的英文名、体内过程和特点 3) 其他药物：吡拉西坦、氟桂利嗪的作用机制、英文名、体内过程和特点	(1) 方法：讲授法、讨论法、案例教学法、情景表演法 (2) 重点与难点：药品的作用机制、针对不同患者进行药品介绍	3
		1-1-3 能详细介绍几种常见治疗精神障碍药物的药理学特点，并结合患者具体情况推荐药品及进行用药指导	(1) 熟练掌握几种常用治疗精神障碍药物的作用机制、英文名称、体内过程、药品特点 (2) 结合患者的具体情况，推荐合理的治疗精神障碍药物，并进行药品介绍	(3) 治疗精神障碍药	1) 抗精神病药：按照化学结构的分类及作用机制 2) 抗焦虑药：分类及作用机制 3) 抗抑郁药：分类及作用机制	(1) 方法：讲授法、讨论法、案例教学法、情景表演法 (2) 重点与难点：药品的作用机制、针对不同患者进行药品介绍	3
		1-1-4 能详细介绍抗感染药的药理学特点，并结合患者具体情况推荐药品及进行用药指导	(1) 熟练掌握几种常用抗感染药物的作用机制、英文名称、体内过程、药品特点	(4) 抗感染药	1) 药物的作用机制、英文名、体内过程及特点 ①β-内酰胺类药物的作用机制及代表药物青霉素、氨苄西林、阿莫西林、阿莫西林克拉维酸钾、头孢氨苄、头孢拉定、头孢噻肟的体内过程、英文名称、作用特点 ②氨基糖苷类药物的作用机制及代表药物阿米卡星、庆大霉素的体内过程、英文名、作用特点	(1) 方法：讲授法、讨论法、案例教学法、情景表演法	6

续表

2.1.4 三级/高级职业技能培训要求				2.2.4 三级/高级职业技能培训课程规范			
职业功能模块（模块）	培训内容（课程）	技能目标	培训细目	学习单元	课程内容	培训建议	课堂学时
1．药品介绍	1-1 常用药品	1-1-4 能详细介绍抗感染药的药理学特点，并结合患者具体情况推荐药品及进行用药指导	（2）结合患者的具体情况，推荐合理的抗感染药物，并进行药品介绍	（4）抗感染药	③大环内酯类药物的作用机制及代表药物阿奇霉素、克拉霉素、罗红霉素、乙酰螺旋霉素的体内过程、英文名称、作用特点 ④其他类：克林霉素、磷霉素的作用机制、体内过程、英文名称、作用特点 ⑤磺胺类药物的作用机制及代表药物复方磺胺甲噁唑的体内过程、英文名称、作用特点 ⑥喹诺酮类药物的作用机制及代表药物诺氟沙星、环丙沙星、氧氟沙星、左氧氟沙星的体内过程、英文名称、作用特点 ⑦抗结核病药异烟肼、利福平、吡嗪酰胺的作用机制、体内过程、英文名称、作用特点 ⑧抗真菌药氟康唑的作用机制、体内过程、英文名称、作用特点 ⑨抗病毒药阿昔洛韦、利巴韦林的作用机制、体内过程、英文名称、作用特点 2）抗感染药物的选用 ①严格掌握适应证，防止药物滥用 ②避免耐药性的产生 ③抗感染药物的选用 ④给药方案的选择 ⑤抗感染药物的联合应用	（2）重点与难点：药品的作用机制、针对不同患者进行药品介绍	6

续表

2.1.4 三级/高级职业技能培训要求					2.2.4 三级/高级职业技能培训课程规范			
职业功能模块（模块）	培训内容（课程）	技能目标	培训细目	学习单元	课程内容	培训建议	课堂学时
1. 药品介绍	1-1 常用药品	1-1-5 能详细介绍消化系统用药的药理学特点，并结合患者具体情况推荐药品及进行用药指导	（1）熟练掌握几种常用消化系统药物的作用机制、英文名称、体内过程、药品特点 （2）结合患者的具体情况，推荐合理的消化系统药物，并进行药品介绍	（5）消化系统用药	1）药物的作用机制、英文名、体内过程及特点 ①抗消化性溃疡药复方氢氧化铝、西咪替丁、雷尼替丁、奥美拉唑的作用机制、英文名、体内过程及特点 ②助消化药乳酶生、多酶片的作用机制、英文名、体内过程及特点 ③胃肠解痉药及胃动力药多潘立酮、甲氧氯普胺的作用机制、英文名、体内过程及特点 ④泻药及止泻药乳果糖、蒙脱石的作用机制、英文名、体内过程及特点 ⑤其他类药小檗碱的作用机制、英文名、体内过程及特点 2）药物的选用 ①抗消化性溃疡药的选用 ②缓泻药的选用	（1）方法：讲授法、讨论法、案例教学法、情景表演法 （2）重点与难点：药品的作用机制、针对不同患者进行药品介绍	6
		1-1-6 能详细介绍几种常见呼吸系统用药的药理学特点，并结合患者具体情况推荐药品及进行用药指导	（1）熟练掌握几种常用呼吸系统药物的作用机制、英文名称、体内过程、药品特点	（6）呼吸系统用药	1）药物的作用机制、英文名、体内过程及特点 ①镇咳药喷托维林的作用机制、英文名、体内过程及特点 ②祛痰药溴己新、氨溴索、羧甲司坦的作用机制、英文名、体内过程及特点 ③平喘药沙丁胺醇、氨茶碱的作用机制、英文名、体内过程及特点	（1）方法：讲授法、讨论法、案例教学法、情景表演法	6

附录

续表

2.1.4 三级/高级职业技能培训要求				2.2.4 三级/高级职业技能培训课程规范			
职业功能模块（模块）	培训内容（课程）	技能目标	培训细目	学习单元	课程内容	培训建议	课堂学时
1. 药品介绍	1-1 常用药品	1-1-6 能详细介绍几种常见呼吸系统用药的药理学特点，并结合患者具体情况推荐药品及进行用药指导	（2）结合患者的具体情况，推荐合理的呼吸系统药物，并进行药品介绍	（6）呼吸系统用药	2）呼吸系统药物的选用 ①镇咳药的选用 ②祛痰药的选用 ③平喘药的选用	（2）重点与难点：药品的作用机制、针对不同患者进行药品介绍	
		1-1-7 能详细介绍几种常见心血管系统用药的药理学特点，并结合患者具体情况推荐药品及进行用药指导	（1）熟练掌握几种常用心血管系统药物的作用机制、英文名称、体内过程、药品特点 （2）结合患者的具体情况，推荐合理的心血管系统药物，并进行药品介绍	（7）心血管系统用药	1）药物的作用机制、英文名、体内过程及特点 ①抗心绞痛药硝酸甘油、硝苯地平的作用机制、英文名、体内过程及特点 ②抗心律失常药的分类、作用机制及代表药物 ③抗心力衰竭药的分类、作用机制及代表药物 ④抗高血压药卡托普利、尼群地平、吲达帕胺、缬沙坦的作用机制、英文名、体内过程及特点 ⑤调血脂药辛伐他汀的作用机制、英文名、体内过程及特点 2）心血管系统药物的选用 ①抗心律失常药的选用 ②抗心绞痛药的选用	（1）方法：讲授法、讨论法、案例教学法、情景表演法 （2）重点与难点：药品的作用机制、针对不同患者进行药品介绍	6
		1-1-8 能详细介绍内分泌系统用药的药理学特点，并结合患者具体情况推荐药品及进行用药指导	（1）熟练掌握几种常用内分泌系统药物的作用机制、英文名称、体内过程、药品特点	（8）内分泌系统用药	1）口服降糖药二甲双胍、格列本脲、阿卡波糖等的作用机制、英文名、体内过程及特点	（1）方法：讲授法、讨论法、案例教学法、情景表演法	6

2.1.4 三级/高级职业技能培训要求				2.2.4 三级/高级职业技能培训课程规范			
职业功能模块（模块）	培训内容（课程）	技能目标	培训细目	学习单元	课程内容	培训建议	课堂学时
1.药品介绍	1-1 常用药品	1-1-8 能详细介绍内分泌系统用药的药理学特点，并结合患者具体情况推荐药品及进行用药指导	（2）结合患者的具体情况，推荐合理的内分泌系统药物，并进行药品介绍	（8）内分泌系统用药	2）口服降糖药二甲双胍、格列本脲、阿卡波糖等药物的用药指导	（2）重点与难点：药品的作用机制、针对不同患者进行药品介绍	
		1-1-9 能详细介绍泌尿系统用药的药理学特点，并结合患者具体情况推荐药品及进行用药指导	（1）熟练掌握几种常用泌尿系统药物的作用机制、英文名称、体内过程、药品特点 （2）结合患者的具体情况，推荐合理的泌尿系统药物，并进行药品介绍	（9）泌尿系统用药	1）呋塞米、氢氯噻嗪、螺内酯等药物的作用机制、英文名、体内过程及特点 2）呋塞米、氢氯噻嗪、螺内酯等药物的用药指导	（1）方法：讲授法、讨论法、案例教学法、情景表演法 （2）重点与难点：药品的作用机制、针对不同患者进行药品介绍	6
		1-1-10 能详细介绍几种常见抗过敏药的药理学特点，并结合患者具体情况推荐药品及进行用药指导	（1）熟练掌握几种常用抗过敏药的作用机制、英文名称、体内过程、药品特点 （2）结合患者的具体情况，推荐合理的抗过敏药，并进行药品介绍	（10）抗过敏药	1）抗过敏药氯苯那敏、氯雷他定等药物的作用机制、英文名、体内过程及特点 2）抗过敏药氯苯那敏、氯雷他定等药物的用药指导	（1）方法：讲授法、讨论法、案例教学法、情景表演法 （2）重点与难点：药品的作用机制、针对不同患者进行药品介绍	4
		1-1-11 能详细介绍几种常见皮肤科及眼科用药的药理学特点，并结合患者具体情况推荐药品及进行用药指导	（1）熟练掌握几种常用皮肤科及眼科药物的作用机制、英文名称、体内过程、药品特点	（11）皮肤科及眼科用药	1）皮肤科用药 ①抗感染药克霉唑、酮康唑的作用机制、英文名、体内过程及特点 ②肾上腺皮质激素类药地塞米松、氢化可的松的作用机制、英文名、体内过程及特点	（1）方法：讲授法、讨论法、案例教学法、情景表演法	4

续表

2.1.4 三级/高级职业技能培训要求				2.2.4 三级/高级职业技能培训课程规范			
职业功能模块（模块）	培训内容（课程）	技能目标	培训细目	学习单元	课程内容	培训建议	课堂学时
1. 药品介绍	1-1 常用药品	1-1-11 能详细介绍几种常见皮肤科及眼科用药的药理学特点，并结合患者具体情况推荐药品及进行用药指导	（2）结合患者的具体情况，推荐合理的皮肤科及眼科药物，并进行药品介绍	（11）皮肤科及眼科用药	2）眼科用药 ①眼部抗炎药的分类、作用机制、代表药物 ②防治青光眼药的代表药物、作用机制	（2）重点与难点：药品的作用机制、针对不同患者进行药品介绍	4
		1-1-12 能详细介绍几种常见血液系统药物、维生素类药物及抗寄生虫药的药理学特点，并结合患者具体情况推荐药品及进行用药指导	（1）熟练掌握几种常用血液系统药物、维生素类、抗寄生虫药的作用机制、英文名称、体内过程、药品特点 （2）结合患者的具体情况，推荐合理的药物，并进行药品介绍	（12）其他	1）血液系统用药 ①抗贫血药硫酸亚铁、维生素B_{12}、叶酸的作用机制、英文名、体内过程及特点 ②抗血小板药的分类、代表药物、作用机制 ③促凝血药维生素K_1、氨甲苯酸的作用机制、英文名、体内过程及特点 2）维生素类药 ①维生素类药的分类 ②代表药物维生素C、维生素D_3、维生素AD、维生素E的作用机制、英文名、体内过程及特点 3）抗寄生虫病药 ①抗疟药的分类及代表药物氯喹、青蒿素类药物的作用机制、英文名、体内过程及特点 ②抗阿米巴病药及抗滴虫药甲硝唑、替硝唑的作用机制、英文名、体内过程及特点 ③驱肠虫药阿苯达唑的作用机制、英文名、体内过程及特点	（1）方法：讲授法、讨论法、案例教学法、情景表演法 （2）重点与难点：药品的作用机制、针对不同患者进行药品介绍	

续表

2.1.4 三级/高级职业技能培训要求				2.2.4 三级/高级职业技能培训课程规范			
职业功能模块（模块）	培训内容（课程）	技能目标	培训细目	学习单元	课程内容	培训建议	课堂学时
1.药品介绍	1-2 常见病的药物治疗	1-2-1 能与不同类型的高血压患者进行疾病沟通，并给出药物治疗建议	（1）全面介绍高血压疾病的相关知识，并对高血压患者给出全面的治疗建议 （2）针对患者推荐合理的抗高血压药物，并制订出个体化的给药方案、联合用药方案，指导患者合理用药	（1）高血压的药物治疗	1）高血压的诊断标准和分级 2）高血压的分类 ①按病因分类 ②按病情进展分类 3）高血压的临床表现及并发症 ①一般症状 ②主要并发症：心脏、肾脏、脑、血管和视网膜并发症 4）常用抗高血压药 ①利尿剂 ②血管紧张素转换酶抑制剂 ③血管紧张素Ⅱ受体拮抗剂 ④钙拮抗剂 ⑤β-受体阻滞剂 ⑥α-受体阻滞剂 ⑦其他类 5）高血压的治疗 ①治疗目标 ②非药物治疗 ③药物治疗：抗高血压药物治疗的适应证、药物治疗原则、药物治疗方案、高血压及合并症的合理选药、高血压治疗过程中应注意的问题	（1）方法：讲授法、讨论法、案例教学法、情景表演法 （2）重点与难点：针对不同的高血压患者给出个体化用药方案，并作出详细的药品介绍	8
		1-2-2 能与不同类型的消化性溃疡患者进行疾病沟通，并给出药物治疗建议	（1）全面介绍消化性溃疡疾病的相关知识，并对消化性溃疡患者给出全面的治疗建议	（2）消化性溃疡的药物治疗	1）消化性溃疡的病因和诱因 2）消化性溃疡的临床表现 ①主要症状 ②并发症：出血、穿孔、幽门梗阻、癌变等	（1）方法：讲授法、讨论法、案例教学法、情景表演法	6

续表

2.1.4 三级/高级职业技能培训要求				2.2.4 三级/高级职业技能培训课程规范			
职业功能模块（模块）	培训内容（课程）	技能目标	培训细目	学习单元	课程内容	培训建议	课堂学时
1. 药品介绍	1-2 常见病的药物治疗	1-2-2 能与不同类型的消化性溃疡患者进行疾病沟通，并给出药物治疗建议	(2) 针对患者推荐合理的抗消化性溃疡药物，并制订出个体化的给药方案、联合用药方案，指导患者合理用药	(2) 消化性溃疡的药物治疗	3) 常用的抗消化性溃疡药 ①抗酸药 ②胃酸分泌抑制药 ③黏膜保护剂 ④抗幽门螺旋杆菌药 ⑤胃肠解痉药 4) 消化性溃疡的治疗 ①治疗目的 ②非药物治疗 ③药物治疗：治疗原则、治疗方案、应用抗消化性溃疡药应注意的问题	(2) 重点与难点：针对不同的消化性溃疡患者给出个体化用药方案，并作出详细的药品介绍	
		1-2-3 能与肺结核患者进行疾病沟通，并给出药物治疗建议	(1) 全面介绍肺结核疾病的相关知识，并对肺结核患者给出全面的治疗建议 (2) 针对患者推荐合理的抗肺结核药物，并制订出个体化的给药方案、联合用药方案，指导患者合理用药	(3) 肺结核的药物治疗	1) 肺结核的感染途径 ①传染源 ②传染途径 ③易感人群 2) 肺结核的临床表现 ①全身症状 ②呼吸系统症状：咳嗽、咳血、呼吸困难、胸痛、体征 3) 常用抗结核病物 ①一线抗结核药 ②二线抗结核药 4) 肺结核的治疗 ①非药物治疗 ②对症治疗 ③化学药物治疗：化疗的适应证、化疗目的、化疗目标、化疗原则、化疗方案、应用抗结核药应注意的问题	(1) 方法：讲授法、讨论法、案例教学法、情景表演法 (2) 重点与难点：针对不同的肺结核患者给出个体化用药方案，并作出详细的药品介绍	6

续表

2.1.4 三级/高级职业技能培训要求				2.2.4 三级/高级职业技能培训课程规范			
职业功能模块（模块）	培训内容（课程）	技能目标	培训细目	学习单元	课程内容	培训建议	课堂学时
1. 药品介绍	1-2 常见病的药物治疗	1-2-4 能与不同类型的糖尿病患者进行疾病沟通，并给出药物治疗建议	（1）全面介绍糖尿病疾病的相关知识，并对糖尿病患者给出全面的治疗建议	（4）糖尿病的药物治疗	1）糖尿病的病因 ①遗传因素 ②环境因素 ③自身免疫 2）糖尿病的类型 ①Ⅰ型糖尿病 ②Ⅱ型糖尿病 ③特殊类型糖尿病 ④妊娠糖尿病 3）糖尿病的临床表现 ①多饮、多尿、多食 ②消瘦或体重减轻 ③其他 4）糖尿病的主要并发症 ①糖尿病的急性并发症：糖尿病酮症酸中毒、高渗性非酮症糖尿病昏迷、糖尿病合并感染 ②糖尿病的慢性并发症：大血管病变、微血管病变、神经病变、糖尿病性眼病、糖尿病足 5）常用的降糖药物 ①胰岛素制剂：胰岛素的适应证、胰岛素的类型、胰岛素的不良反应 ②口服降糖药：磺酰脲类胰岛素分泌促进剂、非磺酰脲类胰岛素分泌促进剂、双胍类、α-葡萄糖苷酶抑制剂、胰岛素增敏剂、其他类	（1）方法：讲授法、讨论法、案例教学法、情景表演法	6

2.1.4 三级/高级职业技能培训要求				2.2.4 三级/高级职业技能培训课程规范			
职业功能模块（模块）	培训内容（课程）	技能目标	培训细目	学习单元	课程内容	培训建议	课堂学时
1. 药品介绍	1-2 常见病的药物治疗	1-2-4 能与不同类型的糖尿病患者进行疾病沟通，并给出药物治疗建议	（2）针对患者推荐合理的降糖药物，并制订出个体化给药方案、联合用药方案，指导患者合理用药	（4）糖尿病的药物治疗	6）糖尿病的治疗 ①糖尿病的治疗目的 ②糖尿病的治疗原则：早期治疗、长期治疗、综合治疗、治疗措施个体化 ③糖尿病的治疗方案："五驾马车"方案 ④应用药物期间应注意的问题	（2）重点与难点：针对不同的糖尿病患者给出个体化用药方案，并作出详细的药品介绍	6
		1-2-5 能与不同类型的高脂血症患者进行疾病沟通，并给出药物治疗建议	（1）全面介绍高脂血症疾病的相关知识，并对高脂血症患者给出全面的治疗建议 （2）针对患者推荐合理的降血脂药物，并制订出个体化给药方案、联合用药方案，指导患者合理用药	（5）高脂血症的药物治疗	1）高脂血症概述：血脂分类、血脂水平分层标准、高脂血症定义、高脂血症危害 2）高脂血症的病因和分型 ①高脂血症的病因 ②高脂血症的分型 3）高脂血症的临床表现 4）常用的调血脂药 ①他汀类 ②贝特类 ③烟酸类 ④胆酸螯合剂 ⑤胆固醇吸收抑制剂 ⑥其他调血脂药 5）高脂血症的治疗 ①治疗目的 ②治疗原则 ③非药物治疗：饮食治疗、改善生活方式 ④药物治疗：调血脂药的选用、联合用药、特殊人群的血脂异常治疗 ⑤降脂疗效监测 ⑥应用药物期间应注意的问题	（1）方法：讲授法、讨论法、案例教学法、情景表演法 （2）重点与难点：针对不同的高脂血症患者给出个体化用药方案，并作出详细的药品介绍	

续表

2.1.4 三级/高级职业技能培训要求				2.2.4 三级/高级职业技能培训课程规范			
职业功能模块（模块）	培训内容（课程）	技能目标	培训细目	学习单元	课程内容	培训建议	课堂学时
1. 药品介绍	1-3 新药品种介绍	1-3-1 能针对新上市药品进行资料收集及介绍	（1）理解药品市场拓展中新药品种介绍的目的、内容及介绍技巧 （2）利用多种资源手段，搜集新药品种相关资料	（1）新药品种介绍概述	1）新药品种介绍的目的 2）新药品种介绍的内容 ①新药的名称 ②新药的成分 ③新药的规格 ④新药的作用、作用机制 ⑤新药的适应证 ⑥新药的药物代谢动力学特点 ⑦新药的疗效 ⑧新药的特性 ⑨新药的制剂、用法、用量、不良反应、注意事项、与其他药物的相互作用 ⑩新药的市场前景展望 3）新药品种介绍的技巧 ①拉近距离法 ②对比宣传法 ③展示利益法 4）新药品种相关资料的收集 ①新药生产企业研究开发的资料 ②权威文献资料	（1）方法：讲授法、案例教学法 （2）重点与难点：新药品种介绍的内容及资料收集	4
		1-3-2 能将某种新上市药品介绍给医师或同行	将新上市药品介绍给医师或同行，并将新药与同类药品进行比较	（2）新药品种介绍示例（以替米沙坦为例）	1）药品名称 2）药品成分 3）药品规格 4）药品作用、作用机制 5）药品的适应证 6）药品的药物代谢动力学：吸收、分布、代谢、排泄、肾功能损害、肝功能损害	（1）方法：讲授法、案例教学法	4

附录

续表

2.1.4 三级/高级职业技能培训要求				2.2.4 三级/高级职业技能培训课程规范			
职业功能模块（模块）	培训内容（课程）	技能目标	培训细目	学习单元	课程内容	培训建议	课堂学时
1. 药品介绍	1-3 新药品种介绍	1-3-2 能将某种新上市药品介绍给医师或同行	将新上市药品介绍给医师或同行，并将新药与同类药品进行比较	（2）新药品种介绍示例（以替米沙坦为例）	7）药品的疗效 ①药品的体内活性 ②药品的临床前实验数据 8）药品的特性 9）药品的制剂、用法、用量 10）药品的不良反应、注意事项、与其他药物的相互作用 ①不良反应 ②注意事项 ③孕妇及哺乳期妇女用药 ④禁忌证 ⑤药物相互作用 11）药品的市场前景展望	（2）重点与难点：针对新上市的某种药品搜集资料，并对新药进行系统全面的介绍	
2. 药品营销	2-1 市场调研与新品种开发	2-1-1 能实施市场调研与市场预测	（1）根据调查内容和类型，选择合适的调查方法 （2）按照步骤实施市场调查活动 （3）独立撰写调查报告	（1）市场调研	1）市场调查概述 ①市场调查的定义 ②市场调查的意义 2）市场调查的内容 ①市场环境调查 ②药品供需调查 ③客户情况调查 ④药品市场竞争调查 3）市场调查的类型 ①普查 ②重点调查 ③典型调查 ④抽样调查 4）市场调查的步骤 ①确定调查目标 ②制订调查方案 ③设计调查表 ④设计调查表应注意的问题 ⑤整理调查资料 ⑥写出调查报告	（1）方法：讲授法、演示法、实训（练习）法	6

178

续表

2.1.4 三级/高级职业技能培训要求				2.2.4 三级/高级职业技能培训课程规范			
职业功能模块（模块）	培训内容（课程）	技能目标	培训细目	学习单元	课程内容	培训建议	课堂学时
2．药品营销	2-1 市场调研与新品种开发	2-1-1 能实施市场调研与市场预测	（4）根据调查的结果，选择合适的市场预测方法 （5）按照步骤实施市场预测，得出预测结论	（1）市场调研	5）药品市场调查的方法 ①面谈调查法 ②电话调查法 ③网络调查法 ④观察调查法 6）市场预测的含义 ①市场预测的概念 ②市场预测的意义 7）市场预测的分类 ①按市场预测时间分类 ②按预测范围分类 ③按预测方法、方式分类 ④按预测内容分类 8）市场预测的内容 ①外部经营环境预测 ②药品预测 ③供求预测 ④竞争预测 ⑤价格预测 ⑥促销预测 ⑦经济效益预测 9）市场预测的步骤 ①确定预测目标 ②确定预测的信息来源 ③选择适当的预测方法 ④编制预测计划 ⑤安排预测人员 ⑥调查资料分析研究 ⑦综合分析预测 10）市场预测的方法 ①定性预测方法 ②定量预测方法	（2）重点与难点：市场调查的步骤、市场预测的步骤	

续表

2.1.4 三级/高级职业技能培训要求				2.2.4 三级/高级职业技能培训课程规范			
职业功能模块（模块）	培训内容（课程）	技能目标	培训细目	学习单元	课程内容	培训建议	课堂学时
2. 药品营销	2-1 市场调研与新品种开发	2-1-2 能对新产品开发进行策划	(1) 掌握产品不同生命周期阶段的特点 (2) 掌握不同产品生命周期的应对策略 (3) 按照新产品开发程序，进行新产品开发策划	(2) 新品种开发	1) 产品整体概念与产品组合策略 ①产品整体概念 ②产品组合策略 2) 产品生命周期的含义和各阶段的特点 ①产品生命周期概念 ②四个阶段的特点 3) 产品生命周期各阶段的应对策略 ①投入期策略 ②成长期策略 ③成熟期策略 ④衰退期策略 4) 新产品的开发策略 ①开发新产品的意义 ②开发新产品的方向 ③开发新产品的要求 5) 开发新产品的程序 ①构思阶段 ②筛选阶段 ③形成概念阶段 ④综合分析阶段 ⑤研制阶段 ⑥试销阶段 ⑦投入市场阶段 6) 新产品的开发方式 ①独创型 ②引进型 ③综合型	(1) 方法：讲授法、实物示教法、观摩法 (2) 重点与难点：产品生命周期的各阶段特点	4

续表

2.1.4 三级/高级职业技能培训要求				2.2.4 三级/高级职业技能培训课程规范			
职业功能模块（模块）	培训内容（课程）	技能目标	培训细目	学习单元	课程内容	培训建议	课堂学时
2．药品营销	2-2 销售促进	2-2-1 能对顾客心理进行分析	（1）熟练分析顾客的不同心理类型 （2）掌握不同购买行为类型的应对技巧	（1）顾客心理	1）顾客心理类型 ①安全型心理 ②求实型心理 ③自尊型心理 ④求新型心理 ⑤求美型心理 ⑥求名型心理 ⑦偏好型心理 ⑧仿效型心理 ⑨隐秘型心理 ⑩疑虑型心理 2）顾客的购买行为过程 ①产生需求欲望 ②收集商品信息 ③比较评价选择 ④形成购买决策 ⑤购后感悟影响 3）顾客购买行为类型及应对技巧 ①理智型顾客 ②习惯型顾客 ③节约型顾客 ④冲动型顾客 ⑤求名型顾客 ⑥不定型顾客	（1）方法：讲授法、角色扮演法、情景表演法 （2）重点与难点：顾客购买行为类型及应对技巧	5
		2-2-2 能运用不同的营销策略进行产品促销	（1）掌握不同促销手段的特点	（2）促销	1）药品促销的概念与作用 ①药品促销的概念 ②药品促销的作用 2）人员推销 ①人员推销的概念 ②人员推销的作用 ③对药品推销员的要求 3）广告促销 ①广告促销的概念 ②广告促销的特点 ③广告促销的原则 ④广告促销的管理内容	（1）方法：讲授法、观摩法、案例教学法	5

附录

续表

2.1.4 三级/高级职业技能培训要求				2.2.4 三级/高级职业技能培训课程规范			
职业功能模块（模块）	培训内容（课程）	技能目标	培训细目	学习单元	课程内容	培训建议	课堂学时
2. 药品营销	2-2 销售促进	2-2-2 能运用不同的营销策略进行产品促销	（2）熟练运用各种营销策略	（2）促销	4）营业推广 ①营业推广的概念 ②营业推广的形式 5）公共关系 ①公共关系的概念 ②公共关系的作用	（2）重点与难点：促销策略的特点与运用	
		2-2-3 能运用不同的药品营销渠道策略	（1）掌握不同类型药品营销渠道的特性 （2）熟练使用营销渠道的策略	（3）渠道策略	1）药品营销渠道概念 2）药品营销渠道的类型 ①不同长度的营销渠道 ②不同宽度的营销渠道 3）影响药品营销渠道的因素 ①药品因素 ②市场因素 ③企业因素 ④其他因素 4）药品营销渠道策略 ①普通性营销渠道策略 ②选择性营销渠道策略 ③复式营销渠道策略	（1）方法：讲授法、演示法、实训（练习）法 （2）重点与难点：营销渠道的不同类型与策略	4
	2-3 商务谈判	2-3-1 能参与商务谈判，分析谈判僵局的类别和成因	（1）能熟练掌握商务谈判的基本方法	（1）谈判僵局的处理	1）商务谈判的基本方法 ①做到知己知彼，才能百战百胜 ②设定让步限度，准备多套预案 ③做到言简意赅，掌握倾听技巧 ④选择谈判高手，审时度势换人	（1）方法：讲授法、情景表演法	4

续表

2.1.4 三级/高级职业技能培训要求				2.2.4 三级/高级职业技能培训课程规范			
职业功能模块（模块）	培训内容（课程）	技能目标	培训细目	学习单元	课程内容	培训建议	课堂学时
2. 药品营销	2-3 商务谈判	2-3-1 能参与商务谈判，分析谈判僵局的类别和成因	(2) 熟练掌握商务谈判的基本技巧 (3) 按照商务谈判的程序进行谈判	(1) 谈判僵局的处理	2) 商务谈判的基本技巧 ①刚柔相济 ②拖延回旋 ③留有余地 ④以退为进 ⑤相互体谅 ⑥埋下契机 3) 商务谈判的原则 ①诚恳对待、耐心说服的原则 ②反复斟酌、求同存异的原则 ③沉着应战、后发制人的原则 4) 药品商务谈判的程序 ①准备阶段 ②开局阶段 ③摸底阶段 ④磋商阶段 ⑤成交阶段 ⑥协议后阶段	(2) 重点与难点：商务谈判的基本技巧和程序	
		2-3-2 能按照法律程序对合同纠纷进行变更、解除、仲裁等处理	(1) 按照法律程序进行合同变更和解除 (2) 按照法律规程进行合同仲裁处理	(2) 合同纠纷的处理	1) 合同的仲裁机构 2) 合同仲裁案件的管辖 3) 合同仲裁的程序	(1) 方法：讲授法、案例教学法 (2) 重点与难点：合同仲裁的程序	4
3. 药品的保管养护	3-1 药品的特殊保管	能分清麻醉药品、精神药品、医疗用毒性药品、放射性药品、戒毒药品、含麻黄碱类复方制剂及其特殊管理要求	(1) 掌握麻醉药品的管理	(1) 麻醉药品的管理	1) 麻醉药品的定义 2) 麻醉药品的品种范围 3) 麻醉药品的储存管理 4) 麻醉药品的经营和使用	(1) 方法：讲授法 (2) 重点与难点：麻醉药品的经营和使用	

续表

2.1.4 三级/高级职业技能培训要求				2.2.4 三级/高级职业技能培训课程规范			
职业功能模块（模块）	培训内容（课程）	技能目标	培训细目	学习单元	课程内容	培训建议	课堂学时
3．药品的保管养护	3-1 药品的特殊保管	能分清麻醉药品、精神药品、医疗用毒性药品、放射性药品、戒毒药品、含麻黄碱类复方制剂及其特殊管理要求	（2）掌握精神药品的管理（3）掌握医疗用毒性药品的管理（4）掌握放射性药品的管理（5）掌握戒毒药品的管理（6）掌握含麻黄碱类复方制剂的管理	（2）精神药品的管理	1）精神药品的定义 2）精神药品的品种范围 3）精神药品的储存管理 4）精神药品的经营和使用	（1）方法：讲授法 （2）重点与难点：精神药品的经营和使用	2
				（3）医疗用毒性药品的管理	1）医疗用毒性药品的定义 2）医疗用毒性药品的品种范围 3）医疗用毒性药品的储存管理 4）医疗用毒性药品的经营和使用	（1）方法：讲授法 （2）重点与难点：医疗用毒性药品的经营和使用	1
				（4）放射性药品的管理	1）放射性药品的定义 2）放射性药品的品种范围 3）放射性药品的储存管理 4）放射性药品的经营和使用	（1）方法：讲授法 （2）重点与难点：放射性药品的经营和使用	1
				（5）戒毒药品的管理	1）戒毒药品的定义 2）戒毒药品的品种范围 3）戒毒药品的储存管理 4）戒毒药品的经营和使用	（1）方法：讲授法 （2）重点与难点：戒毒药品的经营和使用	2
				（6）含麻黄碱类复方制剂的管理	1）含麻黄碱类复方制剂的含义 2）含麻黄碱类复方制剂的品种范围 3）含麻黄碱类复方制剂的储存管理 4）含麻黄碱类复方制剂的经营和使用	（1）方法：讲授法 （2）重点与难点：含麻黄碱类复方制剂的经营和使用	2

续表

2.1.4 三级/高级职业技能培训要求				2.2.4 三级/高级职业技能培训课程规范			
职业功能模块（模块）	培训内容（课程）	技能目标	培训细目	学习单元	课程内容	培训建议	课堂学时
3. 药品的保管养护	3-2 药品的重点养护	能运用特殊保管方法保管药品	(1) 分清重点养护品种的类别 (2) 按规定对重点养护品种进行养护	重点养护药品品种的类别及养护方法	1) 重点养护药品品种分类 2) 重点养护药品品种的储存管理	(1) 方法：讲授法、演示法 (2) 重点与难点：重点养护药品品种分类	4
4. 经济核算	4-1 库存分析	4-1-1 能掌握医药商品最高、最低库存量的计算方法	(1) 掌握药品库存控制概念 (2) 掌握医药商品最高、最低库存量的计算公式	(1) 医药商品最高、最低库存量的计算方法	1) 药品库存控制概念 2) 医药商品最高、最低库存量的计算公式	(1) 方法：讲授法、演示法 (2) 重点与难点：医药商品最高、最低库存量的计算公式	1
		4-1-2 能掌握医药商品合理库存指标的计算	(1) 掌握医药商品合理库存控制方法概述 (2) 掌握医药商品合理库存核算指标	(2) 医药商品合理库存的控制方法	1) 医药商品合理库存控制方法概述 2) 医药商品合理库存核算指标 ①每平方米储存量指标 ②账货相符率指标 ③收发货差错率指标 ④药品保管损失指标 ⑤保管费用指标 ⑥工作量指标	(1) 方法：讲授法、演示法 (2) 重点与难点：医药商品合理库存核算指标	1
		4-1-3 能用经济批量储存法合理确定医药商品库存量	掌握医药商品经济批量储存法	(3) 医药商品经济批量存储法	1) 经济批量储存法的概念 2) 经济批量储存公式的推导过程	(1) 方法：讲授法、演示法 (2) 重点与难点：医药商品经济批量储存法	1
		4-1-4 能掌握医药商品库存ABC分析法	(1) 掌握ABC分析法简介 (2) 掌握ABC分析法在药品库存结构中的应用	(4) 医药商品库存ABC分析法	1) ABC分析法简介 2) ABC分析法在药品库存结构中的应用 ①将库存药品按ABC分析法进行分类 ②根据ABC三类商品的库存结构列表 ③绘制ABC三类商品帕累托分析图	(1) 方法：讲授法、演示法、实训（练习）法 (2) 重点与难点：ABC分析法在药品库存结构中的应用	1

续表

2.1.4 三级/高级职业技能培训要求				2.2.4 三级/高级职业技能培训课程规范			
职业功能模块（模块）	培训内容（课程）	技能目标	培训细目	学习单元	课程内容	培训建议	课堂学时
4. 经济核算	4-2 保本保利分析	4-2-1 能了解保本保利分析基础知识	(1) 掌握成本的形态分类 (2) 掌握量本利分析概述	(1) 保本保利分析基础知识	1) 成本的形态分类 ①固定成本 ②变动成本 ③混合成本	(1) 方法：讲授法、演示法 (2) 重点与难点：量本利分析概述	2
					2) 量本利分析概述 ①量本利基本公式 ②边际贡献		
		4-2-2 能掌握保本保利计算	(1) 掌握保本分析 (2) 掌握保利分析	(2) 保本保利计算	1) 保本分析 ①单一产品保本点计算 ②多种产品保本点计算	(1) 方法：讲授法、演示法、实训（练习）法 (2) 重点与难点：保本分析	1
					2) 保利分析		
		4-2-3 能掌握量本利分析法	(1) 掌握量本利分析图 (2) 掌握安全边际分析	(3) 量本利分析法	1) 量本利分析图	(1) 方法：讲授法、演示法、实训（练习）法 (2) 重点与难点：量本利分析图	1
					2) 安全边际分析		
课堂学时合计								150